平凡社新書
970

官僚と国家

菅義偉「暗黒政権」の正体

古賀茂明
KOGA SHIGEAKI
佐高信
SATAKA MAKOTO

HEIBONSHA

官僚と国家●目次

はじめに

佐高信

講談社が出していた月刊誌『現代』の一九九七年四月号に「『自殺する官僚』と『腐敗する官僚』」を書いた。それを同年十一月刊の拙著『「民」食う人びと』（光文社）に収録したが、スキャンダルで失脚した大蔵（現財務）官僚の中島義雄と、水俣病患者との板ばさみになって自殺した環境庁（現環境省）の山内豊徳を対比させた。

山内と親しかった元経済企画庁長官の田中秀征が、一九九七年二月三日付『東京新聞』のコラム「放射線」に「ゴミを拾う男」と題して、山内のことを書いている。「尊敬していた環境庁の山内豊徳局長が自ら命を絶って七年が経つ。水俣病の補償問題で板ばさみになっていたとのことだが、詳しくは知らない。このところ官僚の不祥事が報じられるたびに、きまって彼の顔が思い出される。

　彼の死に関する当時の報道の中に、私が今もって忘れられない小さな記事があった。それはある週刊誌の取材に答えた近くに住む主婦の談話であった。

『テレビで顔を見てびっくりしました。あの人は休みの日に道路や遊園地のゴミや空カンを拾って歩いた人です。立派な人がいるなあと思っていましたが、あんなに偉い人だとは知りませんでした』

　日曜の早朝、何年もひとり黙々と空カンを拾い集めていた人。その人が〝政府高官〟であったのだ。模範を示して多くの人を啓蒙しようなどと考える人ではない。きっと『空カンがあれば汚いし、子供たちがケガをする』という自然な気持ちから出たおこないだ。

　その後、彼の隠れた善行がいろいろなところから明るみに出てきた。生前そんなことはおくびにも出さなかったが、いずれも『彼ならば』と思わせる心打つ話であった。

　追悼集の中で彼の娘さんは『父を支えていたのは〝困っている人々の役に立ちた

い〟と言う気持ち』、『その気持ちを父は最後まで貫いた』と言っている。そして二人の娘さんは『父はいつも輝いて見えた』と語った。父親の輝きを誰よりも深く感じることのできる家族を持ったことが、山内さんにとって無上の幸せだったと思う。私はこのけなげで誇らしい追悼の言葉を、できることなら彼に届けてやりたいと思った。

彼のような人物になることは難しいが、少なくともそれを正しく評価し、迷わず上席を譲ることのできる人でありたいものだ」

山内のことは私も『官僚たちの志と死』（講談社）に詳述した。この時、改めて知子夫人にゴミのことを尋ねたら、ゴミを拾うのは日曜日だけではなかった。旅行先でも、すぐに袋を持って拾い始める。

「仕方がないから私も拾いましたよ」

夫人はそう言って笑った。

山内は国家公務員上級試験を二番の成績で合格し、誰もが向かう大蔵省には入らずに、一九五九年に厚生省（現厚生労働省）に入った。その四年後、同じ厚生省に

〝腐敗官僚〟のレッテルを貼られることになる岡光序治が入る。だから、大蔵省に入る人間が権力的で、厚生省をめざす人間はそうではないとも言えない。ただ、厚生省志願者には、比較的、岡光型は少ないとは言えるだろう。

厚生省の中で言えば山内型と岡光型、官僚全体で言えば山内型と中島型、私はこの二つのタイプの官僚が霞が関でシーソーゲームをやっているのではないかと思う。岡光型や中島型の「腐敗する官僚」が力を得る時には、山内型は沈んで自殺に追い込まれ、逆に、山内型が力を得れば、というか、多くなれば、岡光・中島型はフェイドアウトせざるをえなくなる。

しかし、政治家の劣化もあって、残念ながら、ますます岡光・中島型が多くなっている。

山内の自殺からおよそ三十年後に森友問題で赤木俊夫が自殺したからである。彼を自殺に追い込んだのは、首相だった安倍晋三であり、上司だった佐川宣寿《のぶひさ》だった。

政治家、官僚、国民は、グー、チョキ、パーの関係にあるといわれる。政治家は有権者の国民に弱く、国民は支配する官僚に弱い。そして官僚は人事権を持つ政治家に弱いというのだが、このチェック・アンド・バランスが正常に働けばである。

私は官僚の力が弱くなると公（パブリック）が失われると思っている。公正さ、公平さがなくなってしまうのである。

私は国鉄の分割・民営化や郵政の民営化に反対だった。国鉄、現在のＪＲは公共交通を担っている。民営化とはすなわち会社化だが、民営化されて、たとえば過疎地の赤字路線は廃止された。公共の足が失われたのである。

北海道のある町の町長は、

「国鉄は赤字だ赤字だと騒ぎたてるが、では、消防署が赤字だと言うか、警察が赤字だと非難するか」

と怒ったという。

国鉄の民営化は中曽根康弘、郵政のそれは小泉純一郎が推進した。しかし、経済記者として日本の会社の実態をつぶさに見てきた私は、民営化という名の会社化バンザイとはとても言えない。

役所の悪いところと会社の悪いところを併せもっているのが電力会社である。私は『電力と国家』（集英社新書）を書いた時、集英社の『青春と読書』二〇一一年一一月号で、古賀さんと対談した。静かな人というか、落ちついたたたずまいながら、その指摘は激しいなという印象を持った。

「入省されて間もなく、お若いころにすでに（国家と電力の現状に）違和感を覚えられていたとか」

と問いかけると、彼は、

「はい。経産省の若手エリート官僚と東京電力のエリート社員とが、勉強会と称して酒席を設け、ある種同好会的なノリで仲良くしているのを目にしてきました。異様な世界です」

と言い切った。

「経産省と東電が馴れあっている」

と応じると、

「ええ、そうです」

と淀みがない。

古賀さんは、もちろん「腐敗する官僚」ではないが、「自殺する官僚」でもないということだろう。それは古賀さんが大事にしている次のガンジーの言葉で明らかである。

「あなたがすることのほとんどは無意味であるが、それでもしなくてはならない。そうしたことをするのは、世界を変えるためではなく、世界によって、自分が変えられないようにするためである」

この対談の何回かはYouTubeで流れる「デモクラシータイムズ」の企画で行った。再生回数が三〇万を超えて、古賀人気に驚いたが、この本も多くの読者を獲得することを願っている。

二〇二一年二月一五日

第1章　統制と陰謀の暗黒政治

――菅政権の正体

安倍政治をさらに陰湿に継承

佐高　政治の動きが日々生々しく、かつ、それがいかに市民の生活に敵対しているかが露わになる時代に、いま私たちはいると思います。かつて「報道ステーション」のコメンテーターとして、「I am not ABE」を敢然《かんぜん》と掲げ、一躍反逆児となった元経産官僚の古賀茂明さんと、「官僚と国家」という切り口で話を重ねていきたいと思います。

安倍政権が引き起こした森友問題から、菅政権の総務省接待問題に至るスキャンダルが象徴しているように、政と官の歪《いびつ》な関係、もっとわかりやすく言えば政治が官僚を下僕化する力学こそが、いまの暗黒の政権を成り立たせていると言えるんじゃないでしょうか。そこで、こういった構造がどんなふうにつくり上げられていったのか、その核心を可能な限り生々しく、具体的に見ていきたい。

まず、二〇二〇年の八月を振り返っておきたいんですが、反安倍を唱えた古賀さんとしては、安倍退陣は喜ばしいという感じでしたか？

古賀　ネットなどを見ていても、それまで安倍さんに対してさまざまな不満があったんだけど、急に消えていなくなってしまって、しかも菅さんはひとまず安倍政権を継承すると宣言した。それは要するに安倍政治が素晴らしかったという認識でもあるわけで、安倍さんがやってきた数多くのおかしなことも、これで全部まとめてリセットされ、これまでの良かった政治を、このまま続けましょうという流れがつくられましたよね。

だから、安倍さんのことを批判してきた側の人たちにとっても、怒りのぶつけどころがなくなってしまったところもあるんじゃないですかね。「安倍ロス」は、リベラル側にもあるんじゃないかという気がしています。

佐高　私なんかは、安倍は相手にするに足る人物ではないとずっと感じてきて、実質の敵は菅だと捉えていました。

安倍から菅への継承ということで言えば、菅は「疑似安倍」ということですよね。そしてさらに本質的には、そもそも菅は安倍政治の悪を担ってきた。だから、菅政権では、もっと陰湿な形で安倍政治が継承されるということになると思うんです。古賀さん、官僚から見て、安倍と菅では、与《くみ》しやすいのはどちらなんですか？

古賀　どっちもどっちでしょうね。

というのは、安倍さんは、自分が本当に関心があること以外は、ほとんど関心も知見もないんです。本当に関心のあることというのは、安保法制とか、憲法改正とか、オリンピックとか、あるいは、いわゆる「アベ友案件」ですね。それ以外のことには、自分が出張っていこうという構えがまったくなかったので、安倍案件以外の行政のほとんどの領域については、はっきり言って官僚のやりたい放題、官僚に丸投げの状態だったと思います。

ただ、安倍案件に関わってしまうと、予測もできないほど変なことが起きるという、そういう意味での怖さがあった。菅さんが安倍さんと違うと思うのは、本当にやりたいことは何なのかがよくわからない。安倍案件のようなごく少数の、と言っても重大な内実ですが、こだわりすら見えない。菅さんはこれだけは俺がやりたいというのはたぶんなくて、全体が無関心事項なんじゃないか。

何がそれにあたるのか、あらかじめ予測はしにくいけれど、菅案件だということになれば、やはり安倍さんのときと同じような作用を官僚の間に引き起こすと思います。

菅の頭は竹中平蔵の借り物

佐高　菅案件は、やはり利権でしょう？

古賀　利権の場合もあるでしょうし、あるいは、考えられるのは人気取りですね。人気取りで、これは使えると思い込むと、その分野が突然浮上してくることがあるのではないでしょうか。そこに引っかかるとすごく変なこと、無理なことをさせられたり、忖度《そんたく》もしなくてはいけなくなる、と。それ以外は、わりと無関心、無定見ではないのかなという気がします。

佐高　安倍晋三という人を花にたとえる気はしないけれど、あえて菅を花にたとえると、私は葬式の花だと思うんです。樒《しきみ》の花という。菅はとにかくすごく陰気な感じがするでしょう。あの面相通り、陰湿な統制社会へと進んでいくのではないかという嫌な予感がある。

もうひとつは、竹中平蔵が小泉内閣の総務大臣だったときに、菅は副大臣なんですよね。竹中と菅はものすごく近い。私はあの菅のからっぽの頭というのは、竹中を借りていると思っている。菅内閣になると、さらに露骨に、いわゆる新自由主義的な政策が強化されるんじゃないかと思っているんですが、そのあたり、古賀さんはどうお考えですか。

古賀　菅さんは、僕が官僚を辞める前から、特に小泉政権の頃は、わりと改革派っぽく見えたんですよ。改革派っぽく見えるというのは、ちょっと強面で、役人が抵抗しても睨みをきかせて改革を進める、みたいなところがあるように見えたということです。

安倍政権になってからは、アベノミクスは改革だと称していましたが、規制改革をやっていた元官僚の人に聞くと、「菅さんがかなり力を入れていたように言われているけれど、菅さんは、結局何もできない」と言っていましたね。

佐高　改革と言っても、それは新自由主義的な社会の破壊であって、私からすると、まったく改革ではないですけどね。菅の中身がからっぽという意味ではわかります。

古賀　結局、菅さんという人は、日本を変えてやるぞと思っていても、自分で考える頭がないから、それを竹中さんのような人たちが代行するというか、代わりに竹中さんが考えて、それを菅さんが実施していくということは起きるかもしれません。

ただ、いずれにしても自分で考えた話ではないので、抵抗勢力が本気で抵抗してきたときに、それを本当に突破するだけの力があるとは思えません。だから、大きなことはできないだろうなと見ていますけどね。

安倍さんも同じですが、誕生自体が派閥でつくられた政権じゃないですか。すると、いくら自分が偉そうなことを言っても、やりたいことがあると言っても、派閥の利権を壊すようなことはできないわけです。

新自由主義的改革というと、規制改革をバンバンやっていくという感じがあるんですが、ちゃんとした哲学がないから、いざやろうとして大きな困難にぶつかると、意外とあっさり諦めてしまう。そんな印象があります。

「影の首相」だった今井尚哉

佐高　竹中流の新自由主義は、「新」という言葉をつけるのがもったいないくらいで、旧自由主義ですよ。原始自由主義というか、ジャングルの弱肉強食の中に人間を放り出すような、弱い立場の人間を犠牲にする自由主義だと思います。

それはいまは措《お》いておきますが、安倍政権というのは、財務省に対してある種の警戒感というか敵対感を持っていたと言われていましたよね。

補佐官として安倍を支えた、と言うか安倍を方向づけてきた今井尚哉《たかや》は、経産省で古賀さんの一期下ですか。

古賀　二期下でしたね。

佐高　あまり問題にすると過大評価になるけれど、今井は「影の首相」とまで呼ばれ、近年の話題だけでも、森友事件の文書改竄《かいざん》、アベノマスク、持続化給付金事業の電通・パソナへの丸投げなどに濃厚に関わったと言われている。

つまり安倍政権は経産省内閣と言われたわけですが、今後、経産省、それから財務省に対する距離感とか疎外感というのは、安倍と菅で違ってくるんでしょうか？

古賀　たぶん違ってくると思います。なぜかというと、安倍さんは今井君とか、あるいは補佐官のやはり経産官僚の長谷川榮一さんとかと、個人的につながっているんですよね。

官房長官の時代から彼らに支えてもらって、病気でどん底に落ちたときも、一緒に山登りに行ってくれたとか、個人的に深いつながりがある。だから、彼らの言うことを鵜呑みにするところがあると思うんです。

菅さんの場合は、たとえば経産官僚との間で、それほど深い個人的な結びつきというのはない。安倍さんは、学校の一斉休校とか党内から強い批判が出るようなことも、何でも今井君が言うとおりにやって、大混乱を引き起こした。菅さんの場合は、経産省の一部の官僚にひたすら従うということはあまりないのではないか。

では、財務省におんぶに抱っこというか、財務省頼みで動くのかと言うと、それはそうではなくて、菅さんは叩き上げで来ているので、官僚って胡散《うさん》臭いなという印象は濃厚に抱いていると思うんです。だから、財務省を使うとしても、警戒しながらだと思います。

いずれにしても、いままでのように、一方的に経産省に頼るという部分は、かなり変わってくるでしょうね。

「耳野郎」北村滋と特高的統制

佐高　コロナ以降、菅は一時期、安倍から干されたという情報が流れたことがありましたよね。安倍がいっそう今井に傾斜して、菅対今井の構図がささやかれたことがあった。

安倍政権で情報官を務めた警察官僚の北村滋とかいますけれど、菅は、あのあたりとの距離感というのはあるわけですか?

古賀　まず、政務の秘書官を務めた今井君は、安倍さんと個人的なつながりがありました。だから、普通なら安倍さんの辞任とともに辞めなければいけないんですね。

一方、秘書官以外の特定の役目を負ったポストについている人は、総理が変わったから当然変わるということでもない。そのまま残ることもあります。総理は俺に変わったんだから、全部クビをすげ替えるということでやっていくと、いろいろと軋轢《あつれき》も生じるわけです。いきなりクビにするのではなく、留任させて少しずつ様子を見て、どのくらい自分に忠誠を尽くすのかを見極めた上で、差し替える。あるいは、自分のために尽くしてくれたり、その能力を認めるとなったら、そのまま使うということもあると思います。

今井君の場合は、それは起こり得ない。菅内閣には、内閣官房参与として残りましたが、影響力は格段に下がったはずです。一説には、安倍さんが菅さんにバトンタッチする際、細田派が菅さんを応援する条件として、「今井をそのまま使え」と言ったという話もあるんですけどね。それはちょっと常識的には考えにくいんですが、政治の世界は、そんなことも起きかねないほど、深い闇の中でさまざまな思惑が動いている。

佐高　今井は、政権密着というか首相密着みたいな立場にいたわけで、それは古賀さんからすると、官僚として、想像の外の振る舞いでしょう。

北村滋も、悪評にまみれていますよね。古賀さんは韓流ドラマは見ますか？

古賀　韓流はあまり見ていません。アメリカの政治ドラマばかりですね。

佐高　いま評判になっている「愛の不時着」という韓流ドラマは、韓国財閥の令嬢がパラグライダーに乗っていて北朝鮮に不時着するところから始まって、そこから北朝鮮の軍人との恋が描かれていく。時代状況への目線があって、なかなか面白いんですけれど、そこに、北朝鮮で盗聴を専門にやっている「耳野郎」と呼ばれる人物が出てくるんですよ。だから私は、北村滋は安倍政権の「耳野郎」だと言っているんです。

北村は、スパイ行為や盗聴みたいなことばかりやっているからか、自分が尾行されていると言いだして一一〇番したことがあるらしい。警察関係者からも妄想ぶりを指摘されたりして、週刊誌を騒がせたことがありましたよね。そういう陰湿な世界は、安倍体制の本質でもあった。

作家の辺見庸は菅のことを「特高顔」と見事に喝破《かっぱ》して、図星を突かれたからか菅は怒りまくったそうだけど、菅政権では「耳野郎」の跋扈《ばっこ》と言うか、特高的な統制社会の傾向はさらに露骨にひどくなるんじゃないかという気がします。

この政権は暗黒政治になる

古賀　安倍政権はレガシーがないと言われているんですが、僕はものすごく大きなレガシーを少なくともふたつ残したと思っています。そのひとつは官僚支配。もうひとつがマスコミ支配。このふたつのシステムをほぼ完成させた。実際にシステムを作り上げて、かつ動かしたかなりの部分は今井君の力もあるんだけど、菅さんの介在も大きかったと思うんですよ。

特に安倍政権ができてからしばらくの間は、菅さんはマスコミ対策に本当に力を入れていたと僕は聞いている。一日三回メディアと食事する、と。昼一回夜二回、さらには朝食会もやる。毎回相手を変えて、有力な記者や、あるいはテレビのコメンテーター、そういう人たちとご飯を食べ、次々と籠絡《ろうらく》していく。

一言で籠絡すると言っても、呼ばれたほうはさまざまなことを感じるわけで、「先生、素晴らしいですね。いつもいいコメントをしていただいて勉強させていただいています」と菅さんは言うらしいんですけど、そうすると安倍批判をしていた人はドキッとするらしい。それ以後、もう安倍批判をしなくなるというような感じで、どんどんマスコミを抑えていく。

僕が「報道ステーション」でコメンテーターをやっていたときは、官邸から「報道ステーション」は狙いうちにされていて、さまざまな形で圧力がかかっていたんですけど、菅さんは、そうやって権力の基盤をつくってきた人ですよ。

菅さんは、安倍政権が完成させたレガシーたる官僚支配、マスコミ支配をそのまま引き継ぐわけです。彼はその基盤をつくることに大きく貢献したわけだから、継承者としての正統性は高いということになります。

佐高 北村も国家安全保障局長として残りましたよね。

古賀 もし北村さんを外すとすると、菅さんにはリスクがあったはずです。というのは、ひょっとすると北村さんは菅さんのスキャンダルも集めているかもしれないわけですから。菅さんが清廉潔白な政治家であれば別ですけれど、そういうわけではないですよね。もちろん、北村さんは菅さんに貢献してくれるはずという期待もしていると思います。

佐高　菅―北村の連携で情報管理と統制を進め、監視国家をさらに強固にしていく、と。

古賀　ええ。これまでずっと溜めてきた官僚とか政治家のスキャンダルは、そのときどき、状況に応じて文春に流したり、読売新聞に流したりするんでしょうけど、菅さんがそれをすべて掌握しているということは官僚も政治家も感じているでしょうから、これは相当、睨みが利くようになります。

だからこの政権は、暗黒政治になるなという感じはしますね。

岸井成格は菅に「殺された」

佐高　つまり菅自身が耳野郎ですよね。だから、大型耳野郎と小型耳野郎の対決と野合みたいな話になりますでしょう、菅と北村は。

二〇一八年に亡くなった岸井成格《しげただ》と、私は大学のゼミ以来の友人だったんですが、岸井は「ニュース23」のアンカーを務めていたとき、偏向報道だと言われて、産経と読売の意見広告で、個人攻撃の形で非難されましたよね。私は、岸井は菅にある種、殺されたと思っているんですよ。

だから『官房長官　菅義偉の陰謀』という本を出したときに、岸井の復讐戦だということも書いて、今度また『総理大臣　菅義偉の大罪』というのを出したんですけども、菅にはきわめて執拗ないやらしさがある。

当時、岸井が個人的にやっている勉強会があって、その中の誰かから話を聞いた官房長官時代の菅が、わざわざ忙しい中やってきたというんですね。沖縄県知事の翁長雄志《おながたけし》に会う時間もないと言っていたはずなのに。そのあたりが菅の蛇のようないやらしさでしょうけれども、途中で立たないでずっといて、最後に一言、「いいお話を聞かせていただきました」と言って帰っていった、と。

岸井はそれを、あなたの人脈、行動、考え方はすべて押さえていますよという菅からの圧力と受け取った。実際にそうだったと思うんです。さきほど古賀さんが言われた「勉強させていただいています」というのと、近いですよね。

菅は、元共同通信で生ぬるい安倍批判をやっていた柿崎明二を補佐官にしましたが、あれもこういったマスコミ支配のひとつの成果なんでしょうね。また辺見庸の話ですが、彼は共同通信出身だから余計に頭にきたんだと思いますが、愚かな後輩の柿崎を「恥辱」と言った。まさにその通りです。ただ私は、辺見のような文学者ではないので、柿崎なんかはそんな言葉ももったいない、たんなる「恥垢」だと見なしている。

岸井はもちろん圧力に屈せず、最後まで安倍批判を続けたわけですが、そういう意味で私は、岸井は菅に殺されたと思っているんです。

そういう菅の陰湿さは、最高権力者になったらもっと悪質になるんだろうな、と。

古賀　僕もその話を岸井さんからうかがったことがあって、菅さんというのは不気味な人だなと思いましたね。短期間で攻め込んでくるというやり方じゃないんですよ。じっくり考えて、こいつを殺してやろうと思ったら、時間をかけて、最初のうちは相手も気づかないように忍び寄って、知らないうちに真綿でクビを絞められていた、みたいな感じになる。

菅は「報道ステーション」をどうつぶしたか

古賀 僕が「報道ステーション」のコメンテーターを辞めたのは二〇一五年三月末なんですけど、一緒に辞めたのは、朝日の論説委員で月曜から木曜までレギュラーコメンテーターをやっていた恵村順一郎さんという立派な方と、そのとき頑張っていたプロデューサーの松原文枝さんと、三人いっぺんにクビになっているんですね。どうやら菅さんは安倍総理と自分の部下も使いながら「報道ステーション」をつぶしてしまえということを、もう一年以上前からやっていたふしがあるんです。まず、安倍総理がテレ朝の早河洋会長とご飯を食べたりし始める。トップを抑えにいったわけです。そのあたりから、僕から見て、たとえば古舘伊知郎さんが変わっていく。それはおそらく、プロダクションの社長とかから言われるようになっていったんじゃないかと思うんです。

最初に、コメンテーターとしてよく出演していた浜矩子《のりこ》さんが、ある日を境に「報道ステーション」にまったく出なくなった。古舘さんとお話しした感じでは、要するに番組として少し批判的なトーンを落とせと言われた、と。反安倍あるいはリベラル的なものをセーブしろと言われて、そのひとつの象徴が浜さんだった。僕と浜さんのどちらかを切らざるを得ないところに追い込まれ泣く泣く切ったという、そういうニュアンスのことを古舘さんは言っていましたね。

古舘さんは浜さんが大好きで、お酒のつき合いもされて心を開いていたみたいなんですが、その浜さんを切らざるを得なくなった。僕は、これは完全に菅さんの圧力だと見ています。菅さんの官房長官秘書官は何人もいましたが、財務省から来ていた矢野康治君なんかも巧妙に使いながら、どうやって「報ステ」に圧力をかけて干上げていくかということを、その後もずっと続けていく。

それで一五年の一月、後藤健二さんがＩＳ（イスラム国）に捕まって捕虜になっているときに、安倍さんが中東に行って、エジプトでとんでもない演説をするんですよね。イスラム国と戦う周辺各国に二億ドルの援助をしますと言って、いかにも自分はＩＳと戦争をするみたいな発言をした。ＩＳと後藤さんの奥さんは交渉していたんですが、その発言のため、交渉が断ち切られ、突然、ＩＳが後藤さんのビデオを公開した。一月二〇日のことです。

すると、政府はびっくりして「言論統制」を行った。今、安倍総理はテロと闘っている。安倍批判をするのはテロリストを利することになるから厳に慎むべしと。その結果、テレビでは安倍批判が完全に封印された。

たまたま一月二三日に報ステに出演した僕は、そういう安倍さんの言動を強く批判し、番組中に我々日本人は安倍さんとは違う、だから「I am not ABE」と世界に発信しようと発言したんです。さらに、マスコミが安倍政権に迎合し始めたということを批判し、ネットなどで呼びかけて、大政翼賛会みたいなマスコミを立ち直らせましょう、報道の自由を守りましょうという運動を始めました。すると、菅さんがものすごい勢いで攻撃してきた。

批判的な言論は排除されて当たり前に

古賀　菅さんがどう攻撃するかというと、僕の名前は絶対に出さないんです。オフレコの会見で、「変なこと言っている奴がいるようで、とんでもないな」と言う。オフレコと言っても、記者はみんな内緒でメモをつくるじゃないですか。それを各社、現場の記者が上げてくる。そうすると、菅さんが『報道ステーション』で大嘘ついたコメンテーターがいる。とんでもない話だ」と言っていたという話が、たとえばテレ朝の中で上層部に上がっていくわけですね。そうすると、次に菅さんが今度は記者会見の後のぶら下がりとかで「とんでもない奴がいる」とまた言うと、記者のほうもひどくて、テレ朝の記者がどういう質問をするかというと、「それって古賀さんですよね」と。菅さんは、「いや、俺はそんなこと言ってないよ」と答えたらしい。それでも記者は菅氏の意向を忖度して、「菅さんが古賀のことをめちゃめちゃ怒っていますよ」という話になって、テレ朝の社長、会長に伝わっていくんです。

佐高　記者が権力側のご注進役になってしまっているわけですね。

古賀　そういうことです。報ステへの圧力は前の年から強まっていたわけですが、それでも、現場のプロデューサーなどは、頑張って僕を守ろうとしてくれていたんです。しかし一五年一月に、安倍氏の二億ドル発言を批判して僕が初めて報ステで「I am not ABE」と発言したとき、間髪を入れずその番組中に官房長官の秘書官が直接電話してくる。財務省から来ていた矢野君とか、警察から来ていた中村格《いたる》氏とか、そういうことをやるとんでもない人たちがいるんです。

彼らが、テレ朝の現場の幹部に近い人たちに直接電話してきて、「なんだ、あの発言は」とか、「万死に値するぞ」みたいなことを言って、それで、もうこれはダメだということになって、僕はクビになるんです。

三月にクビになるとわかったので、僕は例の「I am not ABE」という紙を出して、「菅さんのおかげで、私はクビになることになりました」と、番組中に名前を出して抗議した。

そういうふうに本当に時間をかけて、多面的に相手を攻撃してつぶしていく。最初は誰も気づかない。浜さんにしても、切られたときに、菅さんからの圧力だと何となくは感じていたかもしれないけれど、特にそう言われてはいないから、強く意識しないうちに弾圧されてしまったということだという気がします。それくらい陰険で周到だということです。

佐高　最近、「佐高さん、ＮＨＫに出ていたんですか？　信じられない」と言われたことがあります。かつて私は、わりとＮＨＫの常連だったと言ったら、すごく驚かれました。「報道ステーション」の前身は久米宏の「ニュースステーション」で、この番組にも私はしょっちゅうコメンテーターとして出演していたんですが、それがもう、時代的にも状況的にも、はるか遠い話になっている。つまり、安倍政権になってから、批判的な言論は排除されるのが当たり前になってしまった。

政権が官僚の頭を腐らせた

佐高　浜さんと私は数年前に『どアホノミクスの正体』という共著を出しました。その本では、安倍政権が終わった後、アベノミクスは成功だったみたいなことを翼賛メディアが書いているけれど、あれは日本を大日本帝国会社という国策企業に再編しようとする「どアホノミクス」だと、一言でアベノミクスの正体を見抜き、言い切っている。そのあたりの批判力が、古賀さんにしろ、浜さんにしろ、菅にとっては怖かったんだと思います。

古賀さんの話で驚くのは、財務省から行っている矢野とかが、まさに菅の手先として、古賀発言はいかがなものかと電話してくる、と。官僚というのは、古賀さんがそうであったように、政権の手先になっていては務まらないわけじゃないですか。でもそういう本来の官僚は稀少になってしまっているようですね。

古賀　絶滅危惧種と言っているんですけど、官僚の本分を貫こうとする人は、ほとんどいなくなっちゃったんだろうなという気がしますね。

僕は、課長補佐くらいのときでも、次官が言っている納得のいかないことには反対したりしていたんです。そうすると、次官からはもちろん睨まれるんですが、もう少し離れたところにいる局長クラスの人からは、「おい、頑張れよ」と言われたり、そういう関係性があった。

あるいは、僕がいまの経済産業政策局、当時の産業政策局という、経産省の主計局みたいなところの課長補佐をやっているときに、さまざまに上と対立するものだから、一年上の先輩たちが「あいつもう役所を辞めるんじゃないか」と心配してくれて、あいつを辞めさせないためにはちゃんとしたポストを見つけて活躍させないといけないと言って、若手の登竜門と言われる法令審査委員に抜擢してくれたりとか。そういうふうに、上がおかしくても、下の現場はまともにやろうぜ、真っ当な奴はみんなで守ろうぜという文化も、経産省の中にまだ残っていました。

ところが、いま見ていると、そういう余裕が全然ない。それはたぶん安倍政権というのがものすごく特殊だったからです。理屈が通らない権力だったから、それによって壊されてしまったと思うんです。理屈で議論しようとして、「総理、おっしゃることはわかりますが、でもここはこういう意味でやはりおかしいんじゃないですか」と官僚が言うとき、政権側が理屈を一応聞いた上で、いや、それでもダメなんだと言うのではなく、反対の意見を述べること自体が許されず、それだけでバッサリ切られてしまう。それも切り方が容赦ない。

前川さんを切ったときもそうですが、ただ切るだけでなくて、辞めた後にスキャンダルを暴露して、退官後の人生をめちゃくちゃにしてやるぞという、そういうことまでやる政権でしたから、これは恐ろしいんですよ。

そういうことで、みんな考えるのをやめてしまったということではないでしょうか。考えていたら身が持たないし、頭がおかしくなってしまう。ただ従うしかない。安倍案件であれば、安倍さんの意向を忖度して生きるしかない。だから、自分で考えることをしなくなった官僚ばかりになってしまったんだと思いますね。

佐高　安倍政権がどこまでも日本をダメにしたか、その腐敗は、官僚の頭や内心にまで及んでいるということですね。

渡辺ミッチーの秘書を務めた

佐高　経産省の変質についてうかがったところで、古賀さん自身の体験をもう少し聞きたいんですが、そもそも通産省志望だったんですか？

古賀　いや、僕はいまでこそ偉そうなことを言っていますが、学生時代はわりといい加減な若者で、気ままにやりすぎて大学では二年も留年しちゃったんです。就職を考える段になって、民間企業だと何の理由もなく二年留年していると厳しいぞって周りの連中に言われ、そうすると公務員は二年留年まではいいんですよね。それでとりあえず受けてみるかということになった。

結局、受かったんですが、面接には、当時の大蔵省（現財務省）、それから通産省（現経済産業省）、あとは他の役所はどこも知らなくて、思いついたのは建設省しかなくて、その三つしか行きませんでした。建設省は一回で内定をくれたんですが、あまり面白そうな印象がなくて行きませんでした。大蔵省、通産省に何回か通ううちに、大蔵省は、これは絶対に肌に合わないなという感じがするようになってきた。採用したいというのに、いつも偉そうに上から目線で話す官僚ばかり。廊下に敷き詰められた赤じゅうたんが象徴的で、なんだここはと、大嫌いになったんですね。

通産省のほうは商売根性がたくましくてわかりやすくて、古賀さん、是非うちに来てください、来てくれたら楽しいですよみたいに言ってくれました。いま大分県知事をやっている広瀬勝貞さんが担当の課長補佐だったのですが、彼が猫なで声で、と言ったら怒られちゃうけれど、誘ってくれて、なんていい人ばかりがいる役所だろうと、間違って入っちゃった（笑）。

佐高　入省したときの大臣は誰でしたか。

古賀　佐々木義武さんだったかな。いい加減な話なんですが、そのときの大臣が誰だったか、よく覚えていないんです。大臣秘書官の下に、ジュニアの秘書官みたいなのがいて、秘書と言うんですけど、何年目かにそれを務めたことがありました、渡辺美智雄大臣とかのね。

佐高　へええ、ミッチー。まあ、実力者ですよね。

古賀　ミッチーの秘書をやりましたよ。それはもう、すごかったですよ。面白かったです。あのままの人でね。あとは安倍晋太郎さんや田中六助さんも、通産大臣としての存在感はありましたね。

優秀な官僚は政治家に恩を売る

佐高　ミッチーや安倍晋太郎、田中六助よりずっと後になるけれど、二階俊博も小泉内閣で通産大臣をやりましたよね。二階との接触はなかったですか？

古賀　直接はなかったです。僕はああいう利権の親玉みたいな人には、なるべく近寄らないようにしていました。でも本当に優秀な官僚は、むしろそういう人たちに近づいていくんですよ。自分からリスクを取りに行く。

佐高　自分の才覚の発揮しどころを、そういうところに見いだすわけですね。

古賀　そういうことです。その手の政治家のところに御用聞きに行って、たとえば「いま地元から陳情があるんだよな」とか言われるとするじゃないですか。僕なんかはそういうのを聞くと、「そうですか、それは大変ですね。さようなら」と帰ってきちゃうんですけど、本当に優秀な、偉くなりたいと思っている官僚は、そこで絶対断らない。

「先生、これはなかなか難しいかもしれないです、ちょっとね。難しいと思いますけど、一日時間ください」とか言って、わざと引き取ってくる。

陳情というのは、たとえば、地元の後援会の有力者の息子ができの悪い奴なんだけど、有名企業を受けていて何とかならないかというような話ですよ。政治家が「いまどき口利きで一流企業に入れる時代じゃないしな」とか言うと、いや、先生待ってくださいと、いったん話を持ち帰るんです。普通はそんなことをかなえられるはずがないから、何とか逃げようとするんですけどね。

ところが、優秀な官僚はさまざまな会社に知り合いがいて、総務部長なんかに電話をするわけです。「先生の後援会の息子さんが、いまお宅の会社を受けているらしいんです」と言うと、相手の総務部長もわかっていて、すぐ調べて、「いや、これは無理ですね。この人はどうにもなりませんね」という答えを返してくる。政治家に頼む時点で、どうにもならないというのが通例なんですけど、それでいいんです。

優秀な官僚は政治家のところにすぐ行って、「手を尽くして調べまして、今年は特に厳しいみたいで、なかなか難しいようです。これ以上やるとなると、相当上のほうにねじ込まないと、とても歯が立たないと思うんですけど、やりますか？」とか訊くんです。

すると、政治家は「そんなことして大丈夫か？」と。「もちろん私は親しい人を通じてやりますが、人事は多くの人が関わりますからね。どこかで話が洩れる可能性もあります」なんて言う。すると政治家は「いや、もういいよ君。そこまでやってくれたら十分だ」と答え、官僚は「わかりました。先方企業が不合格の通知を出す前に、必ずこちらに先に連絡させるようにしますから」と言うわけです。

不合格が決まると政治家はすぐに後援会の会長に、「今年は厳しいらしいから、早く他も回ったほうがいい。俺も頼んでみたけど、とてもそんな状況じゃないみたいだ」と伝え、後援会の会長も「いや先生、そこまでやってくれて、すみません、本当にありがとうございます」となる。
長々とつまらない話をしましたが、そうやって恩を売っていく技術を持った官僚が出世していくということがあるんです。

佐高　いいえ、興味深い話です。私はそういう話は意外と好きなんです（笑）。保守政治家と官僚の、俗で薄汚い関係とも言えるけれど、それは行政の中の人間的な部分、潤滑油でもあり得る。少なくともいまの強圧と忖度の関係とは異なりますよね。

いまその話をうかがっていて思い出したんですけど、私は昔、渡辺ミッチーの取材に行ったことがあるんですよ。ミッチーは青嵐会の暴れん坊で、利権政治家の典型のように見られているけれど、違うところがありましたよね。

私がいまでも記憶しているのは、栃木県の選挙民が陳情に来ていた。そうすると、ミッチーは断るんですよ。私がいたから、ポーズかもしれないけれど、「いやあ、それを大臣の俺に言われてもなあ」と言ったんです。そのとき、私はミッチーのイメージがちょっと変わったんですよね。

その件がその後どうなったかは知りません。ただ、そこにミッチーと二階の違いがあって、曲がりなりにもミッチーは総裁候補になっていく。二階が総裁候補になることは考えにくいですよね。そういう違いはあるのかなと思ったんです。

首相になってはいけない裏の人間

佐高　ミッチーの思い出は何かありますか。

古賀　さきほど言ったように、見た感じそのままなんです。僕らは日々接しているわけですから、裏で何をしているかも全部見ている。でも、ほとんど裏表が変わらないんです。いま佐高さんがおっしゃったことで思い当たるのは、秘書がすごくしっかりしていましたね。

大臣自身がそういう陳情を直接ああしろ、こうしろと指示することはほとんどなくて、秘書が整理するわけですね。秘書は役所によく話を聞いて、受けられる陳情と絶対に受けてはいけない陳情とを事前にしっかり整理する。相手によっては秘書が無理して場をつくって、陳情を聞くだけ聞くということはありますが。渡辺さんは秘書をものすごく信頼していて、秘書がこの陳情は難しいですと言うと、時には機嫌が悪くなることもあったと思いますが、ほとんどのケースでその意見を尊重していました。

佐高　なるほど。渡辺ミッチーと二階の比較をしましたが、首相になってはいけない人というのはいるわけですよね。安倍晋三は戦後政治の真っ当さをこれっぽっちも理解していないという意味でなってはいけない人だったけれども、菅もやはりなってはいけない人です。

つまり私は菅は二階型だと思うんです。しょせん、裏の汚れ仕事しかできない人間だと。

菅にはIR汚職の問題もあるし、アメリカ空母艦載機訓練地の移転候補とされる馬毛島《まげしま》の買収疑惑もあるわけじゃないですか。そういう、なってはいけない菅が首相になってしまったのは、やはりなってはいけない安倍が起こしたさまざまな問題の責任がまったく取られていない現状が生んだとも言えるわけです。

だから菅政権は、やはり安倍の落とし子ですよね。

安倍流ルールは「逮捕されなければいい」

古賀　安倍さんがあれだけスキャンダルまみれになっても、結局最後に病気で辞めるまで長持ちしたということは、これは永田町と霞が関両方ですけれども、倫理観というか、倫理の規範というのがかなり崩れたと思うんですよ。

佐高　それは日本社会全体の倫理が崩れたと言ってもいいと思います。

古賀　おっしゃるとおりです。昔から政治の世界は汚職なんて当たり前で悪い奴もいろいろいたんでしょうけれど、でもそれが悪いということははっきりしていた。逮捕されなくても、政治責任とか、あるいは任命責任とかいろんな形での責任が問われるという文化もあった。

牢屋に入るというのは、最後で最悪の責任の取り方なんですが、安倍さんは「任命責任を痛感します」とか口では繰り返していたけれど、究極のルールは逮捕されなければいいということだったと思うんです。だから、国会で聞かれても、だったら証拠を出してみろと。検察が調べて、捕まらなかったじゃないか、と。その基準を当たり前にしてしまった。

官僚も、たとえば忖度しなくてはいけないというときの最低限のルール、どこに線を引くかというのがあるわけですよね。忖度して良からぬことをやった、それは犯罪ではないかもしれないけど、でも役人として褒められるものではない。これはいろいろ批判を受ける。批判を受ければ、大臣にも迷惑がかかるというような倫理観が本来はあるわけですね。

ところが、安倍さんは捕まらなきゃいいという態度を示している。だから逆に、忖度するときは、捕まらないギリギリのところまではやらなきゃいけないということになってしまったわけです。

しかも、捕まらなきゃいいというのは、捕まるような悪いことをしなければいいということではない。悪いことをしても捕まらなければいいという、そういう論理ですから。

そうすると、佐川宣寿《のぶひさ》元理財局長をかばうわけではないんですけれど、彼は別に土地を安売りしたわけでも何でもないわけですよ。前任者が土地をめちゃくちゃ安売りして、その尻拭いをさせられた。そのとき、彼からすると、もし真っ当な総理であれば、いやこれやばいですよ、と。麻生大臣がもうちょっとまともであれば、これはまずいですよ、と。「大臣、こんなことに関わっていたら、そのうちあなたも批判されます。だからこの際、もしいままで知らなかったのであれば、いまわかったこの時点で正しましょう。そうすればあなたは批判されることもないし、むしろそれを正したということで、国民から賞賛されますよ」と進言する道もあったと思う。

霞が関の倫理は崩壊させられた

古賀　しかし、安倍さんの倫理観が捕まらなければいいというものだから、佐川元理財局長からすると、「俺はとにかく捕まらないようにしてやっているんだ。それなのにお前は何だ。批判されるかもしれないって、そんな程度のことを怖がって、俺がやっていることを邪魔するのか」と安倍さんから圧力をかけられているように感じてしまうわけですよね。

そうすると、では、改竄したということは絶対に隠し通せばいいんだよな、という選択をせざるを得ないところに追い込まれてしまう。まあ、実際にそういう考え方をしたかどうかわからないです。もしかすると、積極的に忖度して喜ばせれば自分も出世できるぞと思ってやった可能性もないとは言えないんだけれど、いずれにしても、安倍さんが、政治家と官僚の倫理観のハードルをめちゃめちゃ下げたというのが根本の問題です。

佐高　それは菅に引き継がれますよね。

古賀　そうです。だって、これまで問題だったことを、一切見直しもしないと言っているじゃないですか。あれは悪くなかったと言い切っていますから、安倍政権の倫理観をそのまま引き継ぐということになりますよね。

だから官僚が、新政権になったから心を入れ替えて頑張りましょう、というふうにはならないわけですよ。またこれからも倫理なき忖度をやらなきゃいけないんだ、ということになってしまう。また、そうやって出世街道に乗っていった人たちは、これからも頑張って忖度しようということになっていくだろうと思います。

佐高　結局、霞が関の空気を変えてしまったということですよね。

経産省にしろ、財務省にしろ、同期や先輩や後輩から見て、この人は仕事ができるし、人格的にも尊敬できるし、この人が出世するのは当然だという空気はやはりあるわけでしょう。

古賀　そうですね。すごく優秀と言われている人でも、人格的に問題だと見られている人が最後は次官になれないということは結構多いですね。

佐高　だからそういう省内のまともな価値基準が崩されてしまったということでしょう。それで、例のコネクティングルームのスキャンダルを起こした和泉洋人みたいな人格的にとんでもないのが、ぱっと脚光を浴びてそのまま生き残ってしまう。

そういうことからなのか、霞が関、官僚を希望する若い人たちが少なくなっているという話を聞いたことがありますが、それはどうなんでしょうか？

なぜ経産省出身の政治家が増えたのか？

古賀　別に東大が優秀というわけじゃないですけど、かつては東大法学部のできる人が財務省を受けるという道筋が語られていましたよね。最近だと、東大法学部の優秀な奴はまずは外資系に行く、あるいは弁護士になる。その下の下くらいの人たちが財務省を受けるという感じですかね。あとは、優秀かどうかというよりも、とりあえず有名官庁に入って箔を付けようというタイプの人も増えている。

つまり、まず官僚の仕事が忖度ばかりでつまらなくなっていることもあって、入省してから幻滅する。それから、もともと長くいるつもりのない、箔付けで来たような人も多くて、優秀な官僚というのが非常に少なくなっているという気がします。若手はどんどん辞めていきます。採用のときに水増しして取らないといけないという状態ですね。

佐高　かつて経産省は、政治家に転身する人は、ほとんどいなかった。最近はやたらと多いですね。

古賀　二世の人は別なんですが、経産省で自民党で政治家になろうなんていう人は、ろくな人がいない。野党にいった人は立派な人もいますが、経産省は本来、政治に関与するのではなく、とにかく日本経済、企業を良くしていくんだという、そういう役割ですからね。

佐高　財務省は本質的にもっと政治に近いですよね。

古賀　財務省は、どちらかと言うと、俺たちは国家を動かしているみたいなところがあるから、政治家になる人もいるし、ならなくても政治家に近づいて国を動かそうとする。それが俺たちが偉いということの証であるみたいな心理がありますよね。官邸官僚と似ていると思いますが、経産省にもそういう人が増えつつあると思います。

佐高　政治と距離を置いて経済に関わる経産省の矜持《きょうじ》が失われ、かつ相対的な地位も低下したことが政治志向を生んでいるのでしょうね。

もうひとつ私が感じていることがあります。経産省出身の知事がやたらと多いことです。これには、橋下徹なんかが旗を振って地方自治を破壊しようとした道州制、またそこにからむ電力利権と原発利権、さらにそれを含めて推進される新自由主義が深く関わっているんじゃないかと私は勘繰っているんですが、これについては、また改めて迫ってみたいと思います。

第2章 政治家の劣化と官僚の弱体化、そしてメディアの翼賛化

「異色官僚」佐橋滋の非戦

佐高　古賀さんもご承知のように、かつて城山三郎さんは、異色の通産官僚と言われた佐橋滋《さはししげる》さんをモデルにして、『官僚たちの夏』という小説を書いたわけですね。風越信吾という魅力的な主人公はたいへん人気を集めて、作品はテレビドラマ化され、最初は中村敦夫さん、次は佐藤浩市さんが主演し、いわば彼らが佐橋役になって、お茶の間にまでそのキャラクターが定着していきます。

私はこの小説やドラマのモデルとなった佐橋さんに出会って以来、佐橋さんに気に入られたというか、私のほうが食い込んだというか、『日本官僚白書』という本を書いたときには、あり得べき官僚像として佐橋滋を設定したわけです。

佐橋さんの一番若い部下には、大分県知事になった平松守彦さんがいました。平松さんに佐橋滋像について訊くと、「部下に殉ずる人だった」と言うんですよ。日本社会には、部下を自分に殉じさせるボスはたくさんいるわけですが、そうではなく部下に殉ずる人だった、と。部下が新しいことをやりたいと言うと、それをバックアップし、責任は自分が取るというボスだったというわけです。

私が佐橋像を書いたときに、通産省、いまの経産省の官僚からよく聞いたのは、「いまは佐橋さん的なやり方は通用しない」という言い方でした。私はそれは半分逃げ口上じゃないかと思った。佐橋さんは、実力者の大臣である三木武夫や佐藤栄作なんかに対しても、言いたいことはズバッと言い返したんです。それが通用しないんだというのは、政治家と対峙する気概を持たない官僚の言い訳と感じて、ちょっと納得できなかったんですね。

それからもうひとつ、佐橋さんは『異色官僚』という、自分で名づけたタイトルの本を書いています。彼は二等兵としての軍隊経験がありましたが、黙っていても文句を言っているような顔だったので、ものすごくぶん殴られたらしいんです。その軍隊経験から、佐橋さんは徹底した非武装平和論者になる。

佐橋さんが次官になってからも、あの非武装論はいただけないと、その点だけは政財界人から評判が悪かった。しかし佐橋さんは、最後までそれを捨てなかった。

ひとつはその非戦への意志において、佐橋滋という人はまだ生きていると私は思う。

古賀さんは経産省の先輩として、佐橋さんに会われたことはありますか？

古賀　ないですね。僕は佐橋さんの時代からだいぶ経ってから入省していますので。平松さんとも直接お話ししたことはなくて、ただ平松さんについては、省内でまだときどき話題になることがありました。佐橋さんとなると、もう小説の人というか、歴史上の人というイメージが強かったですね。

佐橋流はもう通用しないのか

佐高　いま衆議院議員になって立憲民主党の代表代行を務めている江田憲司は、古賀さんの何年先輩ですか？

古賀　一年上です。

佐高　江田憲司は学生時代に『官僚たちの夏』を読んで、経産省を志望したらしい。そのあたりは熱心な城山三郎の読者だったかどうかという話にもなってくる。

あの作品の影響力ゆえに、小説の中の話と現実の話が混ざり合いがちということはあると思いますが、もう佐橋流は通用しないという言い方に対して、古賀さんはどう思われますか?

古賀　佐橋流をどう定義するかという問題はありますが、いまは通用しないと言った人たちは、たぶん、官僚ってもうそんなに強くない、という見定めがあるという気がするんです。僕が入ったころはまだ、官僚には独立性があるというか、官僚というのは特別な存在なんだという意識がありました。でも最近は、みんなもうただのサラリーマンで、民間の会社員とどこが違うんだというような雰囲気ですよね。

　国家のあるべき姿を論じながら、正しいと思ったことを政治家を動かしながら実現していくとか、政治家の圧力と戦いながら仕事を進めていくという力量を持った官僚は、もういないという認識なのかもしれない。

佐高　佐橋さんがまさに「異色」だったように、当時から政治と戦わない官僚が大勢を占めていたとは思いますが。

古賀　そうなんです。小説の時代だって、佐橋滋は少数派だったと思うんです。

非常に例外的な、とびきり優れた人だったのでしょう。そういう抜きん出た存在がいま出てこれるかというと、頭角を現すよりもずっと前の段階でつぶされているのではないかという気がします。

ただ、当時は役所の力がものすごく強かったんですよね。社会のあらゆる分野にさまざまな規制があったし、資源配分のやり方とか、関税の設定の仕方とかも、官僚がかなり動かしていたわけですが、いまは官僚にはそういう強力な権限が与えられていない。

特に、経産省の役人に聞くと、「俺たちなんか、もうほとんど力を持っていないよ」と言うんじゃないかなと思います。経産省がまだ力を持っているのは、電力とか、石油とかくらいじゃないでしょうか。エネルギーの世界にはまだ規制がたくさんあって、それを動かすのが経産省ですから、企業も言うことを聞かざるを得ない面がある。

佐高　まさにそこは古賀さんにじっくり訊きたいところですが、それは改めて議論しましょう。電力をはじめとするエネルギー以外では、経産省はもうあまり影響力を持ち得ない、と。

規制権限なき官僚に何ができるか

古賀　それ以外の産業については、もうほとんど規制がないですからね。役所の規制権限も小さくなってしまいました。

かつて戦後復興の拠点として経済安定本部などがあったころは、資源配分をそこでやっていましたから、鉄鋼とか石炭に重点を置く傾斜生産においても、役所がどの産業をどう育てるかという絵を描いていたわけです。日本の産業構造の成り立ちに、役所が非常に重要な役割を果たしていた。

ただ、いまでも経産省以外の役所は、まだ相当に規制権限を持っています。たとえば、厚労省がそうですよね。

佐高　コロナ対策では厚労省の悪いところがもろに出ていますよね。あそこは旧内務省から分かれているから、国民を支配や監視の対象と見る傾向が強くある。コロナ特措法改正案に必ず入ってくる罰則規定はその象徴だし、PCR検査が拡充されないできたことにも厚労省は大きな責任があります。

古賀 コロナ禍における厚労省の役割は重大な責任を帯びていますからね。

文科省だって、法律や規則で、学校だとか大学病院だとか、さまざまな行政対象をがんじがらめに縛ることができる力を持っている。逆に言えば、役所が頑張ることで社会を動かす余地は大いにあるという気はします。もちろん佐高さんが言われた厚労省の問題などは厳しくチェックしなければなりませんが。

佐高 旧来の権限とは別に、いま役所が担うべき役割は何だと古賀さんは考えていますか？

古賀 ひとつは分配の問題ですよね。格差を是正するために、役所が果たす役割は大きくなっている。

それから、成長戦略についてだと、個別の産業にいくらお金をあげるとか、関税をどうするというのはなくなりつつあるけれど、世界が変わり続ける中で、その変化に応じて、企業が活動しやすい環境を整備していくということですよね。現実の社会のありようやインフラの整え方だとかが、さまざまなルールと合わなくなってくるので、それをどれほど迅速に変えていけるか。また、変えようとするときは必ず、古い産業や企業の既得権とぶつかるので、その調整とか。そういう創造性のある大きな仕事に携われば、日本経済や日本社会をいい方向に変える役割を果たせると思います。

佐高　そこではたぶん、政治との対峙という局面を迎えますよね。

古賀　必ずあちこちで戦いが起きるし、政治の横槍も入りますから、それを乗り越えていく官僚のリーダーが求められるでしょうね。官僚全体の力が弱まっているとはいえ、世論をバックに付けながら戦うというのが、新しい官僚像になるのではないかと僕は思っています。

「政治というのは昔から悪かった」

佐高　古賀さんが最後に言われた、世論を味方にする官僚像という今後のあり得べき姿は、まさにかつて佐橋滋が実際にそれを行っていた。彼は業界団体のリーダーとの討論会を公開でやったり、官民協調の方向をさまざまに探ったわけです。私が佐橋滋はまだ生きているということのもうひとつは、官僚と国民の間で新たな民主主義をつくり上げていくという展望に関わっています。

佐橋さんの言葉で非常に印象に残っているのは、「大臣は行きずりだけれど、自分たちは生き死にの場所にいるんだ」というものです。だからそれは、大臣よりも自分たちのほうが真剣に考えているという自負になる。

それと、「政治というのは昔から悪かった」とも言うんですね。古賀さんも言われていましたが、官僚が政治家とどういう距離を取るのかというのは、非常に難しい。政治というものには昔から汚職や利権やさまざまな権力悪がつきまとう。佐橋さんは、だからこそ官僚の責任は重大なんだと常に思っていたわけです。

佐橋さんは岐阜の写真屋の息子なんですね。三木武夫が通産大臣のとき、佐橋大臣、三木次官だとか言われたりして、つまり佐橋さんが言いたいことを言うから、そういう見られ方をしたんですけれど、佐橋さんのお姉さんは、そういう記事は見たくないと言っていました。引きもコネもない弟がどれほど身ひとつで苦労したかを知っているから、というんです。

佐橋さんは企業局長のときに、次の次官が約束されていた。松尾金蔵という次官に、次はおまえだと、ある種の内示を受けていたんです。それが福田一《はじめ》という通産大臣に嫌われて、突然、同期の今井善衛《ぜんえい》――まさに今井尚哉の叔父さんですね――にすげ替えられる。

それで佐橋さんは辞めようと思うんだけれど、仲間に止められて、特許庁長官に横すべりし、その後、次官になるんです。だからわかりやすく色分けすれば、叔父と甥を含めた今井型の官僚と、佐橋型の官僚という言い方はできる。

「異色官僚」というのは「希少官僚」ということでもありますよね。でも、逆に言うと、佐橋滋みたいな希少な存在がいたということに、時代を超えて救われる思いがする。現代において、前川喜平（元文部科学省事務次官）さんや古賀さんのような、志を持った例外的存在が出てきたときに、私はいつも佐橋滋という人を思っていましたね。

古賀　官僚にはいろんなタイプがいて、これはどちらがいいという話ではないのですが、政治家に対峙する佐橋さん型とは別に、政治を動かすために政治家の懐に飛び込んで運命共同体みたいな関係性をつくって、自分の動かしたい方向に動かしていくというやり方をする人もいます。

戦略的な集団戦ができない時代

古賀　いまはどちらかというと、政治に媚びちゃえば出世できるという時代なので、同じ次官になるのでも、なしとげたいことがあって次官になる人と、次官になりたいという思いだけで次官になる人と、二通りいると思う。最近は次官になりたいというだけでなる人が、結果的に有利になる。なぜかというと、次官になりたいだけで、やりたいことがないので、言われたことを忠実にやっていればいいわけですよね。

他方、やりたいことがある人は、政治がそれをやらせてくれれば、その政治に一生懸命仕えるんだけど、政治が逆の方向に行った場合には盾突かざるを得ない。そうすると対峙したところで切られたり、冷や飯を食わされたりするようになってしまうんです。

さきほど話したように、いま官僚組織全体が弱っているので、強い思いを持っているリーダーがいて、そこに付き従う若手中堅官僚がいて、全体で支え合って強力な仕事ぶりが発揮されるという、そういう状況が、あまり見られなくなってしまいました。

経済産業政策局という局がありまして、僕がそこの筆頭課長（経済産業政策課長）を務めていたとき、役所の枠にとらわれず新しい長期ヴィジョンをつくろうと考えて、審議会を立ち上げようとした。当時、政治的に非常にセンシティブな問題だった消費税増税の話なども扱おうと考えていました。そういう場合、自分一人だと、次官と対峙してやり合うのは大変なんですよ。次官に、そんな危ないことはやめろと言われると、それまでとなってしまう。

だから、自分の後ろに課長クラスや、課長補佐クラスで、一緒にやりましょうという人たちがいて、たとえば次官室にそういう連中と一緒に行くんです。将来、経産省を背負って立つだろうと思うような優秀な若手を連れていくわけですね。一緒に行って議論する。そうすると、次官もひるむわけですよ。さんざん議論した結果、じゃあ、応援はしないがやってみろということになり、こちら側は、ありがとうございましたと応じるという、そういうこともよくありました。

僕らのグループが他の役所と喧嘩したときなどに、僕らのやり方が行儀悪すぎると次官に呼び出されて叱責されても、とりあえず、「はい、わかりました」と言っておいて、部屋を出たらぺろっと舌を出している、みたいな。つまり、それだけ存在感のあるグループだと認識されていると、何かあったときでも、つぶされないいんですね。

佐高　戦略的な集団戦をやるような態勢が、いまの役所ではつくれなくなっているということですね。

古賀　そういうことです。官僚の中でせめぎ合いがあると、政治の側について官僚の中の新たなヴィジョンをつぶそうとする人たちが出てくる。というか、いまはそちらが大勢となっているわけですが、そこと戦うときに、やはりどれだけ後ろに味方が付いているかが大事なんです。そういう陣形が、いまのサラリーマン化した官僚の中では生まれにくくなっている。

外にも味方をつくる

古賀　もうひとつ、すごく大きな変化は、若手で、たとえば一生経産省にいようと思っている人がほとんどいないんですよ。基本、腰掛けです。腰掛けと言うと言葉が悪いかもしれませんが、給料は安いけれど、若いうちにいろんなことを見て勉強してみようと。せいぜい五年か、長くても十年だなというふうに思って入ってくる人がものすごく多い。実際、五年くらいで辞めてしまう人が増えています。

佐高　経産官僚をめぐるそういう前提は、佐橋さんの時代と大きく違いますよね。

古賀　そうなんです。俺はここに骨を埋めるという覚悟で戦う、あるいは上司を支えるという構えは、佐橋さんのころのようには成り立ちにくくなってしまったと思います。だから僕は、やはり新しいやり方が必要だと思うんですね。

そのひとつが外にも味方をつくるということだと思います。反対する業界の人もいるけれど、逆に、変えてくれという人たちもいるわけで、そういう外部の人たちを仲間にして変えていく。上から言われたことをコツコツやっていますというタイプの公務員ではなくて、自分でテーマを決めたら、それをどう実現するかについて、大きな構想力を持った人が求められていると思うんです。

佐高　なるほど。佐橋さんが業界との協調路線を築いたのとはまた違った意味で、いまの何がしかの志ある官僚が自己実現しようと思ったら、外部との連携という戦略が不可欠になってくる。

古賀　ただ、なかなか難しいというか、やはりどこか諦めてしまっているという感じがしますよね。能力が極端に下がったとは思わないのですが、胆力とか意志力とか、そういう面で最初から無理じゃないかなと感じてしまっているような印象がある。それに、成功事例が少ないですよね。戦って、逆境に打ち勝って、政治の圧力をはねのけて、何事かを実現したという例が、最近非常に少ないという気がします。

それらが相まって、みんな、無理しないほうがいいかなと感じてしまっているのではないでしょうか。

嶋田隆次官問題

佐高　俗に、政治家や政界が高くて、官僚や官界が低いと、「政高官低」とかいう言い方がありますが、私は、政治家の劣化と官僚の弱体化は並行現象だと思うんです。

佐橋さんの時代を過剰に懐かしむつもりはないですが、かつては佐橋さんみたいな異色官僚を、盾突かれても尊重して受け入れる政治家がいたわけですよね。ところが、いまは政治家のほうが、言うことを聞かない官僚は飛ばしてしまえ、あるいはクビにしちゃえという、そういう感じでしょう。だから、政治家の劣化と官僚の弱体化はパラレルだと思います。

そこで、古賀さん、経産省で嶋田隆次官問題というのがありましたよね。嶋田氏は、古賀さんの二期下くらいですか？

古賀　そうですね。二年下だから、今井君と同期です。

佐高　このへんは生臭い話で、古賀さんは答えにくいかもしれませんが、数年前、嶋田氏は官房長時代に、菅から徹底的に嫌われたらしいですね。次の次官は嶋田氏にという意見具申があったとき、菅は、嶋田はもういいと言って、自分が可愛がっていた資源エネルギー庁長官の日下部聡を推した。それで、当時の次官が困ってしまって、安倍晋三に影響力のあるＪＲ東海の葛西敬之に頼んで、何とか嶋田次官が実現したということらしい。

その背景には、原発政策を含む東京電力の改革問題が絡んでいると言われていました。つまり、嶋田氏は東電を改革しようとして、菅に疎まれたという話があった。

ここは、古賀さんに解説していただくと、どういうふうになりますか？

古賀　いや、僕も実際のところどういうやりとりがあったかとか、具体的に知っているわけではありません。ただ、嶋田君も日下部君も、僕は非常によく知っていて、優秀な連中だったことは確かです。当時の菅原郁郎次官もそうですけど、一緒に仕事をしたことはすごく多いんです。

あまり個人の評価をしたくはないですが、あえて言えば、日下部君は優秀だし、改革マインドもある。上とうまくやっていくタイプです。下には非常に厳しい。だから、ちょっとパワハラ的に見られるところもあって、それはやりすぎだと若い頃秘書課に怒られたときもありました。僕の場合は、日下部君から見れば先輩にあたるので、非常に丁寧に感じよく接してくれました。僕がやろうとした改革を一生懸命サポートしてくれて、いつも鬼気迫るくらいの真剣勝負。理論武装もしっかりできていて、とても頼りになる後輩に恵まれてありがたいと思っていました。ところが、自分の目だけですべては見えないもので、いろいろ聞いてみると、部下に対して少しキツすぎるところがある。自分が死に物狂いでやるので、下に対しても要求レベルが高すぎたのかもしれません。

嶋田君も改革マインドがあるタイプなのですけれど、もうちょっとゆとりがあるというか、柔らかい人間でしたね。彼はゴルフ部出身で、一緒にゴルフをやったりもしましたが、役所でも二人で抜け出して遊びに行こう、みたいなところがある。

ユーモアもあるし、下の年代からも慕われていたんじゃないでしょうか。逆に上に媚びるところが足りなかったと言うとおかしいのですが、日下部君に比べて少し違いがあったのかもしれません。あくまでも私の目に見える範囲のことですが。

官房長官時代の菅さんは役所の幹部連中と年中話をしているわけですよね。いろんな政策が上がってきて官僚の説明を聞くわけですが、そのときの対応ぶりでも、たとえば菅さんが何かおかしなことを言った場合に、日下部君はたぶん「そんなのはダメですよ」とは言わないで、「わかりました。持ち帰って検討します」と言って、それからどうやって菅さんを説得し、懐柔していこうかと考える。

それに対して嶋田君は極端に言えば、「いやそんなの全然ダメだと思いますよ」と笑いながら言ってしまうタイプです。ただ、決して嫌味な感じはしないと思うのですが。菅さんに対してどういう態度をとっていたかはわかりませんが、もし、いつもの感じを出していたとしたら、結構その違いは大きかったと思います。

異論やオルタナティブが許されない

佐高　政策に対しても、具体的な対応の作法としても、政権に違和感を表明することが即、否定的なことになってしまった。

古賀　さっき佐高さんから、政治の質が下がったという話がありましたが、より本質的には、安倍一強の中で、オルタナティブが許されなくなったということだと思います。要するに、安倍さんが言ったこと、菅さんが言ったこと、官邸が求めること以外の選択肢について、非常に不寛容な時代になってしまっている。

かつてなら、総理や官房長官が主張していても、自民党の中に異論を唱える人たちが結構いました。しかも有力者の中にもそういう人がいて、官僚は彼らに説明したりすることで、自民党内のパワーバランスのせめぎ合いみたいな状況に持っていけたんですが、いまはおそらく、官邸が決めたことに対して、官僚が異を唱えて別の選択肢を提示しようにも、政治の中でそれを担って戦ってくれる人はなかなか見つからないと思います。そういう意味では、心ある官僚にとっては、非常に戦いにくい環境になっている。

佐高　前にも話したように、経産省、通産省は、ほかの役所に比べると、下剋上を許す気風があった。たとえばかつて、通産大臣だった佐藤栄作に対して佐橋滋が不満を抱えて、「大臣、あなたはそれでも実力者なのですか?」と言ったという有名な話があります。さすがの佐藤もムッとして大臣室に引きこもったというのですけれど、それでも佐橋は、本人にその気はなかったにせよ、佐藤派から出馬するという噂が立つほど、佐藤は佐橋を大事にした。

いま、そんなふうに盾突くような人間を自分の派閥から出すなんていうことは、およそ考えられないですよね。

古賀　すぐに切っちゃいますね。

佐高　嶋田次官問題に戻ると、私がすごくひっかかったのは、嶋田氏の次官就任にストップがかかったとき、外部の、JR東海の葛西に、菅への警告を頼むというやり方です。役所の人事を、安倍に影響力のある外部の財界人に頼むということに、非常に違和感があったんですが、そのあたり、古賀さんはどうですか？

古賀　ＪＲ東海の葛西さんは、安倍さんと本当に近いので特別だと思うんですが、昔を思い出してみると、官僚の側が外の人に頼るというよりは、外部から介入を受けるということはありましたね。今回も、東京電力の改革問題が絡んで、東電の廣瀬直己さんあたりが動いたのではないかとか取沙汰されたりしているんですけれど、外部からの介入というのは日常的だった。

葛西敬之と古森重隆はなぜ特別か

古賀　要するに、東京電力がこいつは許さないとなると、なかなか偉くなれないという力学はあったと思うんですが、出世させてやるために、外部の財界人から総理にお願いするとか、そういう方向に業界を使うというのは、あまり聞いたことがなかったです。ないことはなかったのでしょうが。そういう意味では、これも安倍政治の特殊性なのかもしれません。つまり、特別のお友達が官僚の人事に対しても強い力を持つということです。

僕は、葛西さんを使ったという話を聞いて、ちょっと「あれ？」と思ったのは、安倍さんのもとには今井君がいるわけですよね。安倍さんは今井君をものすごく信用しているので、菅さんが仮に、嶋田はダメだ、日下部にしろと言っていたとしても、もし今井君が嶋田君がいいと思っていたとしたら、そう進言したと思うんです。今井君は、すごい強面で人情も何もなくて、同期だろうが何だろうがバッサリ切っちゃう人と思われていますが、さすがにその二人のうちどちらか、俺が決めてやるというふうには、やりにくかったのかなという気もします。

そのあたりが、つまり安倍政権の中枢で大事なことを決めるときのガバナンスについて、誰がどうするかという手続きがきちんとできているとはおよそ言いがたい。また、どういう基準で、どう決めるのかがまったく見えなくなっている。この問題は、そのひとつの象徴と言える事態かなという気もしますね。

佐高　さきほど古賀さんが、ＪＲ東海の葛西は特別な人だからと言われました。富士フイルム会長の古森重隆と葛西は安倍応援団の正副団長みたいな立場なわけですが、「特別」というところに、古賀さんはどういう意味を込められたんですか？

古賀　彼らは安倍さんを引っ張り上げたというわけじゃないと思うんです。政界と財界との関係で言えば、持ちつ持たれつというのが、ある意味では普通の関係で、そのときはお金というものが大きな力を持つ。それは政財界を束ねる者同士で成り立つのが普通ですが、古森さんと葛西さんは経団連のトップというわけでもなく、何かわからないけれど、とにかく安倍さんと親しい。

この二人が圧倒的に安倍さんに影響力があるということは、みんながわかっていますよね。だから、影の実力者というよりは、理由はわからないけれど、表看板に書いてあると言えるほど親密さが知られているという意味で、珍しい関係だという気がします。

佐高　古森と葛西は、財界人の安倍応援団の「四季の会」の首謀者ですよね。そして、古森はＮＨＫの経営委員長に就任する。だから官邸は、安倍と古森の蜜月関係を、ＮＨＫ支配の道具にもしたわけですよね。

菅は総務大臣もやっていたから、放送行政にも詳しい。こういった統制も、安倍から菅へという流れの中で、さらに強化されるということになりますよね。

古賀　そうですね。菅さんは安倍政治を継承すると言いました。もちろん森友や加計は、菅さんから見ると、これは安倍の事件だということで、そういう明白に悪いところだけは自分から切り離して、また桜を見る会も、あれはもう自分はやらないから関係ないと言って幕引きをしていますけれど、それ以外は全部引き継いだわけですね。

そのとき、マスコミ支配という安倍政権が築き上げた遺産は大きくて、安倍さんはそれをつくり上げるまでに、二年近くかけて周到にやってきたわけですね。菅さんはその成果を何の苦労もなく、最初から享受できる。なぜかと言うと、これは前にも話したように、そもそもマスコミ支配の半分は菅さんがつくったものですよね。安倍さんが各テレビ局や新聞社のトップとご飯を食べながら抑えていく。菅さんは、もう少し現場寄りの、キャスターやコメンテーターを抑える。今井君は、さらに現場そのものを抑え込むというように、各層に対して三者が協力しながら築き上げてきた。だから菅さんはマスコミ支配の最も正統な継承者となるわけです。

マスコミ、特にテレビ局から見れば、菅さんはものすごく怖い存在だと思います。

ふるさと納税の不公正と平嶋左遷

佐高　菅は安倍が逆境のときに助けたということで、安倍の信頼を勝ち得ていくわけですけども、菅的支配の重要な要素として、フリーの記者なんかを意外に大事にしている。つまり、週刊誌レベルの声が案外、世論を左右していくということがわかっているからでしょう。

たとえば、かつて『週刊現代』などを中心に書いていた松田賢弥というノンフィクション・ライター、彼は小沢一郎の妻からの告発スキャンダルを暴いた人ですが、菅は彼なんかを大事にしていたわけです。松田賢弥の本が、菅が首相になったので装いを変えて再刊されています。

そういう、裏に通じるというか、闇を見極めるというか、要するにアンダーグラウンドへの触手ですね。それが菅的支配の重要な要素だったと思います。つまり、菅自身が言わば裏の人ですよね。

それこそ小沢一郎は、菅について「しょせん裏の人間、総理の器じゃない」と喝破していたけど、菅のその地下茎のような闇の本質が表に出たとき、これを通用させてしまうのかということが、これからのメディアの批判力にかかっていると思うのです。

古賀さん、しつこく話を戻して恐縮ですが、嶋田氏が次官を終えて、菅が首相になってしまったわけですよね。そうすると、嶋田氏にとっては、嫌な雰囲気ということはないんですか？

古賀　当然、そうだと思いますが、菅さんにとって嶋田君は、日下部と比べたら気に入らないから、やはり日下部だなという程度の話なのか、俺に盾突いたので絶対に許さないということなのかということです。まあ嶋田君は、結局、次官にはなったわけですから、絶対にこいつは許さないというところまでの嫌われ方ではなかったのかなという気がします。ただ、俺の視野に入るところには入れないというふうになる可能性はありますね。

佐高　菅は、総務省支配も露骨ですよね。自治税務局長だった平嶋彰英氏は、菅がふるさと納税を押し広げようとするのに抗った。ふるさと納税というのは、イメージ的には良さそうに見えるけれど、税の公正性に著しく反する。納税とは名ばかりで、高額所得者が高額の返礼品目当てに寄付をするようなことになっていた。菅はこれに制限をかけるどころか、寄付控除の上限を倍増しろと言ってくる。

平嶋氏は、それを止めようとしたわけですね。そうしたら、いきなり自治大学校の校長に飛ばされた。平嶋氏のインタビューを読みましたが、きわめてまともな人ですよね。だから、やはり真っ当な人が外されるんだなと改めて思ったんです。

古賀　僕もふるさと納税には、最初から反対でした。

たぶん、菅さんは誰かに刷り込まれていると思うんですよ。よくわかりませんが、たとえば竹中さんとかいわゆる取り巻きの人に。要するに、総務官僚というのは地方自治体を支配して、そこに巣食っているシロアリだ、と。ふるさと納税は、彼らの支配権が及ばないところで、自治体間でお金が動くから、それが拡大することは、彼らにとっては自分の領土が荒らされることだろう。そういう感覚で反対しているのだというふうに、たぶん吹き込まれていると思います。

だから、ふるさと納税はこれ以上もうダメですよと言われたとき、菅さんは政策論への理解力はあまりないと思うから、彼の頭の中にパッと浮かぶのは、こいつら自分たちの利権のために邪《よこしま》なことを考えているということになり、一刀両断に切り捨てたのではないかと思うんです。

本来は、官僚が何か言ってくるというのは相当勇気のいる話ですから、まともな政治家であれば、とにかく一度よく聞くということをするはずです。それで、いろいろ考えたすえに、政治家が自分の政策が正しいと思うのであれば、君の言うことも一理あるけれども、これは政治判断として従ってくれよと言うべきなんです。

そうではなくて、議論を吹っ飛ばして、たぶん菅さんには説得する力もなかったと思いますが、俺に恥をかかせやがってとか、盾突きやがってという次元の感情で切ってしまった。

これは菅さんからすると、自分の力を総務官僚に対して示すことになるという思いがあったのではないか。あるいは、霞が関全体に対して、俺の言うことを聞かなければクビだぞというメッセージになるとわかった上で、あえてやっていると思う。

そういう意味で、これは政治家と官僚の関係ということから言うと、一番やってはいけないことをやっちゃったなということになります。政策論を議論し、相手の言うことを理解した上で、政治的にこういう理由でこれを進めるんだということを説明し、それでも従わないのだったらクビだと――これは仕方ないと思うんですよ。

それはなぜかと言うと、政治家は国民から選ばれているので、政治家の判断は、国民に代わってなされていることになるからです。それを官僚がノーと言い張るのでは、国の立て付けがおかしくなってしまうんですね。それを認めてしまうと、まさに官僚主導、官治国家になるので、そういう意味で、政治家が優越すること自体はいいんです。

ただ、優越すると言っても、単に言いなりにさせるということであってはならないわけです。しっかり緊張関係を持った上で、せっかくの官僚の意見をすべて切り捨てるのではなく、いいアイデアを活かそうと考えるべきなんです。

菅さんはたぶん確信犯です。官僚を震え上がらせたほうが、いまの自分にとっては得だ、と。

　その話題がマスコミで流れていって、いくら批判されても、いや適材適所ですよと答えればいい。いろいろ判断した上でのことで、別に逆らったからクビにしたとかいうことは毛頭ありませんと否定はするのでしょうけど、こういう流れ自体を、逆にしめしめと思っているかもしれない。

佐高　菅の息子による総務省幹部への大規模接待問題を『週刊文春』が報じて、泥沼のような広がりが表面化していますよね。あれももちろん総務省支配の一環で、私から見ると、官僚を政治の下に置こうとする動きそのものであり、官僚が官僚の本分において政治に抵抗する能力を一切つぶそうということです。政権側は、息子だからといって行政に歪みは生じていないなどと弁解していますが、官僚の側がまたしても忖度と隷従を強いられるのは当然なわけで、あのスキャンダルは佐橋的、古賀的官僚が登場しないように、奴隷的な支配を貫徹しようという菅の意志そのものだと思います。

古賀　総務省に限らず、「自分たちは一番偉い」と考える官僚は、話を聞かせてやるんだから接待は当然と、もともと罪の意識があまりない。しかも安倍氏は、李下に冠を正さずではなく、捕まらなければいいという倫理観で、加計孝太郎氏にゴルフや焼き肉接待を受けて獣医学部新設を認めてもOKでした。官僚の倫理観も地に堕ちるわけです。総務省事件では、恐怖政治もあるけど、菅ファミリーに積極的に取り入りたいという動機もあったでしょうし、旧郵政とNTTという仲間内でズブズブという特殊性もあり、エスカレートしたのでしょう。

菅こそがふるさとを破壊した

佐高　安倍と菅に特有の恐怖政治と内輪優先政治が官僚を腐敗させたということですね。

古賀さんは、政治家が国民から選ばれているからと言われましたが、しかし、それは選挙民ですよね。一地方の選挙民からです。その地方の選挙民が国民全体を代表するのかという問題がある。果たしてそれは、本当の公と言えるのか。部分の代表、一地方の代表でしかないところから発する利権性ということが、まさにふるさと納税に表れている。部分を大事にしているように見せて、公を損なう政策だと私は思います。

菅義偉について私が一番頭にくるのは、私は隣の山形県の出身だから、菅が秋田出身ということをやたらと出すことなんですよ。首相就任のときには新聞各紙も菅と秋田をめぐるつまらないご祝儀記事を掲載していた。私からすると、菅こそが新自由主義に乗っかって、地方を疲弊させている人間じゃないかと。おまえにだけは、秋田出身と言われたくないという感情があるんです。

もうひとつ、これは早野透（元朝日新聞編集委員）に八つ当たりだと茶化されるんですが、薩摩長州の官軍に対して抵抗した奥羽越列藩同盟から、一番最初に脱落したのが秋田なんです。東北では、秋田に対して、いまだにそのことをからめた視線が向けられることがある。東北の奥羽越列藩同盟は、いまだに維新の恨みを持っているわけですから、長州の風下に立つということ、まさに安倍の下ということですが、それだけでも、心ある人間からは菅の評価は低い。そういう微妙な感覚を、菅を東北人として持ち上げる記者なんかが知らなすぎる。

菅は、雪深い秋田よりはるかに長く横浜で暮らしている。もう秋田のことなんか忘れていて、名刺代わりに使っているだけだと思うんです。

菅の、ふるさとという言い方の中に、詐術というか、偽りが感じられてならない。政治家が国民から選ばれたという言い方をするけれど、それはあくまでも一地方の選挙民だろうという返し方をして、本当の公を探る必要もあるのではないかと思うんです。

古賀　難しいのは、いまは小選挙区制ですし、政治家がどれだけ国民を代表できているのかということは、かなり疑問があります。有権者の四分の一ぐらい支持を受ければ、圧倒的多数を取ってしまうということが現実に起きているので、そこは非常に問題ですよね。日本の選挙制度にまで関わってくる話だと思います。

であるにしても、安倍政治があれだけおかしなことがあっても、もうこれは持たないだろうと思うたびに復活し、しかも選挙で必ず勝ってきた。そうすると、国民みんなが安倍さんを信任したということになって正当化され、その政治が続けられてきた。そのとき、民主主義が機能するためには、やはりマスコミの重要性というのがあると思うんです。

牙も嗅覚もなくしたメディア

古賀　菅さんは国民のために働きますと言ったけれど、私は菅さんに、これが安倍政権と違うところですと言ってほしかったですね。いままでは国民のためにやっていなかったけれど、今度からは心を入れ替えて、国民のためにやりますという意味合いならいいんですが。国民のために働く政治家と言うのであれば、その政治家が何をやってきて、いま何をしているのかということについて、正しい情報が与えられないといけないわけですよ。

ところが就任当初、菅さんについて何が報じられたか。菅政権はこれだけ支持率が高い、人柄が信用できる、秋田の奥深いところから出てきた苦労人で、一生懸命頑張って、ついに総理になりました、お酒は飲まなくて、好物はパンケーキです……そんな宣伝みたいなことをテレビが朝から晩までやっていたわけです。

これで国民が騙されたわけですよ。政治家が騙している面はあるのですが、それだけじゃなくて、メディアが国民を騙し、惑わせている。こういう国では、民主主義は機能できないなと思うんです。これは実は、官僚にとってもすごく大きな問題で、官僚は、佐高さんが佐橋さんに即して言われたとおり、世論を味方に付けて戦わなければいけない。僕がずっとやってきたこともそこなんですよ。官僚にとって、外部の世論こそが最後の拠り所なんです。

ところが外に出ても、そこでは官邸にコントロールされたマスコミがすべて支配していて、出た途端につぶされるということだと、官僚も動けない。民主主義を失った最大の原因のひとつはマスコミにあると僕は思っています。

佐高　権力に飼い馴らされてしまったメディアは知恵も失い、牙も嗅覚もなくしてしまった。政治の劣化と官僚の弱体化がパラレルだったように、メディアの翼賛化も同時並行なのでしょう。いずれの領域でも、戦う意志のある少数派が、力をつけていくことしか打開策はなさそうです。

第3章 官僚という「弱い人たち」の生態

——森友事件と電力支配

官僚性善説と官僚性悪説

佐高　いまここに、古賀さんの書いた『日本を壊した霞が関の弱い人たち』という新刊と、拙著『竹中平蔵への退場勧告《レッドカード》』を並べているのですが、古賀さんは竹中平蔵とは接点があったんですか？

古賀　仲良くしていたというほど親しくはなかったですが、麻生政権の終わりごろ、公務員改革をやっていたときに、ときどきお会いしました。中川秀直さんとか、河野太郎さんなんかも一緒にいましたしね。竹中さんは公務員改革にさほど深く関わっていたわけではないんですが、一応改革を進める側にいたので、お話しする機会はしばしばありましたね。

佐高　古賀さんと私の組み合わせを意外に思う人たちがたくさんいるんですけど、それはひとつには竹中平蔵的な「改革」とそれなりにつき合ってこられた古賀さんと、竹中の天敵である私がどこで通じ合えるのかという疑念のようです。

古賀さんは、竹中とときどき会う関係だった時期から十年以上経って、いままた菅政権の方向を左右しつつある彼のことをどんなふうに見ていますか？

古賀　竹中さんは、話をしていて非常に面白い人です。たぶん、政治家から見ても非常に惹《ひ》きつけられるんでしょうね。流行の経済理論などのエッセンスを素人にもわかるように、しかも面白おかしく聞かせる。象徴的な事例や比喩などもうまく使って話すので、聞いているほうは素人ですから、「ああ、なるほど、そういうことか。意外だけど面白い」となる。

特に、官僚、族議員や特定の利益団体を悪者にして、「改革」に抵抗する者を「悪者」に仕立て上げ、全体を勧善懲悪のストーリーにするのがすごくうまいんですね。実は、私もそういうやり方は竹中さんから学んで、公務員改革をやる時などには使わせてもらいました。佐高さんには、「同じ穴の狢《むじな》だな」と言われそうですが（笑）。

菅さんもそうしたストーリーが大好きな気がします。前にも言いましたが、地方から出てきて叩き上げで総理まで上り詰めた菅さんは、若い頃からエリートとして扱われ、偉そうにしている官僚たちに対して、劣等感とそれの裏返しとしてのライバル意識を持っているように感じます。

そんな菅さんにとって、竹中氏の官僚悪玉論は非常にすんなりと腹に落ちる。官僚と意見が合わず、その首を切って自分の意見を通すとき、大丈夫かなというためらいだとか、多少の後ろめたさを感じるのが普通だけど、菅さんにはそれがない。むしろ、高揚感を感じているふしさえ見えます。「あいつらの悪行は俺が正してやる」という「正義の味方、菅義偉」を演じるのに酔っているという感じでしょうか。それを竹中理論がバックアップしているという見方もできると思います。

佐高　古賀さんの新刊『日本を壊した霞が関の弱い人たち』のポイントは「弱い人たち」というところですよね。エリートというのは弱い人たちだとは一般的には見られていない。そこをあえて古賀さんが「弱い人たち」と名づけた意図はどこにあるのでしょうか？

古賀　官僚に対する見方っていろいろあると思うんですけど、不祥事ばかりを見ていると、こいつら本当に悪い奴だなというふうに見る人もいると思います。官僚性悪説みたいな、すべて悪いほうから捉えるという見方がまずある。

　一方、自民党の政治家なんかに聞いていると、いや、官僚は本当に頑張っている、夜中まで俺たちのために仕事に邁進しているみたいな印象で、人間的にも魅力的な人が多いよと、性善説的な見方もあるんですね。

　また法律上、官僚というのは立派な人という前提になっているんですよ。つまり、偏らずに国民のために働く存在だという前提で、法的な認識としては、どちらかというと政治のほうが悪いかもしれないという立て付けになっているわけです。

　実際に私が官僚生活を三十一年やってきて、その後もいろいろ見てきた中での感じたことを言うと、官僚というのは基本的には「普通の人」ということになります。普通の人というと、何も言ってないように思われるかもしれませんが、要するに、さほど悪い人でもないし、特にいい人でもない。何もなければ別に悪いこともしないし、環境が恵まれていれば、少しは世の中のために良いことをしようという気持ちを持つという、本当に普通の人が多いと思います。

普通の人の弱さが災いを招く

古賀　ところが、官僚というのは大きな権限を持っていますから、普通の人じゃ困るんです。官僚はだいたい各役所ごとに採用され、そこでずっと純粋培養され、辞めた後も天下りして、その役所の世話になるという軌跡を辿るわけで、基本的に役所の利益が自分の利益だということになっている。

何か政策を進めるとき、国民のためを考えたら本当はこっちに行くべきだけど、そうすると俺たちの利権が削られてしまうから、はてどうするかというような別れ道がありますよね。そのとき普通の人というのは、つい自分たちの利益を優先させてしまうという、自己規律という面で弱いところがある。その普通の人の弱さが、実は日本の社会にとっては大変な災いになっているという、新刊のタイトルには、そういう意味合いを込めました。

官僚というのは芯の強い人たちだという見方で物事を考えると、大きく間違える。

また、「もっと襟を正せ」とかという声がよくありますが、襟を正せと言っても仕方がなくて、強い人たちに言うのなら少しは意味があるかもしれないですが、弱い人たちは襟を正そうと思っても、つい道を間違える人たちなんだという前提で仕組みをつくり直していかなくてはいけないということなんです。

佐高　この本を拝読していて、そしていまの古賀さんのお話を聞いて、役所という組織は、組織の利益を損ねることはやらないのだなと改めて思うわけです。後で天下りの話なんかも聞きたいのですが、古賀さんが「弱い人たち」だと指摘する、そういう存在が大半を占める一方で、組織から離れることも覚悟するという、古賀さん自身みたいな例外的に強い人たちがいるわけですよね。

これはまさに、残念ながら例外なのですが、組織から離れてもいいと考える人たちは、決して弱い人ではないと思うんです。でも、そういう人が、すごく少ない。官僚の大部分は、組織から離れることのできない、組織の利益に従う弱い人たちだと、そういうふうに解釈してもいいですか？

古賀　そうですね。強い人たちはごく一部にいます。僕はこの本の第二章で、官僚の三類型について書いているんですが、強いタイプというのは、僕は「消防士型」と呼んでいるんです。

消防士は、自分の身の危険を顧みず、自分の命の危険を冒しても市民を守る仕事ですよね。しかし、それほど立派な仕事をするのだから、ものすごくお金をもらえるのかと言えば、そうでもない。有名人になれるとか、強力な権力を持てるということもない。危険手当などはあると思いますが、さしたる報酬がなくても、彼らは市民を守り、市民から感謝されるのが最大の報酬だとさえ思っている。

「消防士型」の官僚は絶滅危惧種

古賀　一方で、財務省のエリート官僚に象徴される人たちを、僕は「中央エリート官僚型」と呼んでいるんです。中央エリート官僚型は、権力を求めるのが本質と言えばいいのか、基本的に小さいときからずっと褒められて育ってきた人たちで、ちやほやされることに最大の喜びを感じるタイプです。地元の小学校で優秀だったから、町で一番の中学に行って、地域で一番の高校に行って、そこでもすごく優秀だったから東大に行ってみろと言われる。お前なら法学部に行けるぞと励まされて、法学部で一生懸命勉強して、財務省に入って次官を目指す。

こういうタイプの人たちも、ある意味でお金じゃないんですよね。お金だったら外資に行ったり、商社に行ったりしたほうが公務員より高給なわけです。それよりも、俺は一番なんだと。一番頭が良くて、人の上に立つ人間なんだということを確認するために役人になるような人が、意外と多い。少なくとも二〇〇〇年頃まではそういう人がとても多かったように思います。

彼らは必ずしも報酬が高くなくてもいいんですが、基本的に俺たちは日本で一番優秀なんだけれど、安月給で働いてやっているという感覚があって、従って天下りというのは、その分を後から取り返すというだけの話だから、まったくやましいところがない。むしろ、それがなくなったら官僚の権利としておかしいというぐらいに考えている人たちですね。

最後の類型は「凡人型」です。これは一般にもイメージしやすいですが、とにかく安定していることに価値を見いだす人たちです。役所は安定していて天下りもあるし、大した仕事しなくても一生食いっぱぐれがないということで、役人になる人たちですね。こういう人たちはリスクを取りたくないし、余計なことをやりたくないので、さまざまな課題が出てくると逃げ回る。市民が来ても平気でたらい回しにする。報酬はそこそこもらって、天下りができればいいと考えている。

この三つの類型の中で、昔はもう少し、消防士型がいたような気がするんですが、最近はどんどん少なくなっていて、僕は絶滅危惧種と呼んでいます。本当は消防士型が増えれば、日本ははるかにいい国になると思うんですが、いまはそれと逆の方向へ行っている感じですね。

赤木さんは強い人だったから闘えた

佐高 三類型の中央エリート官僚型が消防士型であれば、リーダーシップという点でも、組織的な人間力という点でも一番いいわけですが、残念ながらここは合致していないですね。

古賀　一番、合致していないわけです。

最近起きたことで言うと、赤木俊夫さんという近畿財務局の現場で公文書を改竄させられて、亡くなった方がいらっしゃいました。奥さまがいま訴訟を起こしていますが、奥さまの『私は真実が知りたい』という本が出ましたよね。あの本にありますが、赤木さんは普段から、国民のために働けるというのは恵まれている、国民に奉仕することが喜びだということを、真面目に誰にでも言っていた方だった。

そういう方が組織のために文書改竄を強要された。強要されたときには、涙ながらに絶対こんなことをしてはダメだと上司に訴えた。

一般には、この方はそういう精神的な重圧で鬱状態になり、職場も休み、最後には追い詰められて自殺してしまったというふうに、弱い人として報じられているんですが、僕はこの方はすごく強い人だったと思います。

財務省という鉄の規律を持つ組織で、これは間違っているからやめてくださいと涙ながらに直訴するというのは、これだけでも組織の中でつまはじきにされるようなことで、それをあえてやっている。

そこで表に出て内部告発するということをすぐにできなかったところが弱いと言う人もいますが、構造的には自分の上司も含めてみんなある意味で被害者なわけですよね。本省の理財局長の命令でやらされている。自分がそれに逆らうと、それに巻き添えを受ける形で上司や同僚がパージされて、出世もできないということになるのは忍びないということで悶々《もんもん》とされたと思うんです。最後はたぶん、検察と財務省が組んで、というか政権が、もう赤木さん一人にかぶせちゃえということになったと思うんですよ。それで検察から事情聴取をされたときに、それをすごく感じて、これはもう自分が切られる、それはおかしいだろうということで、命がけになるしかなかったのではないでしょうか。

というのは、彼一人なんですから。自分の言葉を本当に世の中に伝えようとしても握りつぶされるに違いないから、本当に訴えるためには死をもって告発するしかないという思いに至ったんじゃないかなと思います。

そういう意味ではものすごく強い、まさに消防士型の典型じゃないか。赤木さんについて、そういうことを考えながら、『日本を壊した霞が関の弱い人たち』を書いたんです。

議事録と官僚の抵抗

佐高　いまの古賀さんの話、私も深く納得します。赤木さんは強い消防士型の人だったけれども、そこに襲いかかってきた風が、いままでにない、想像以上の本当にでたらめな暴風だったわけですよね。真っ当な強い人が耐えられる限度を遥かに超えた暴風に襲われてしまった。

赤木さんの話を記者会見で突っ込まれた安倍晋三が、途端に弱い声になった。これは東京新聞の望月衣塑子《いそこ》さんから聞いたんですが、か弱い声で、申し訳ないことをしたみたいなことを安倍が言った、と。

そのときに私が考えたのは、菅だったら弱い声にならないだろうということです。そこが私は、安倍晋三というヤクザから菅義偉という半グレに政権が変わって、ヤクザより半グレのほうが凶悪凶暴なので、たぶん赤木さんの死に対しても、菅は動揺しないだろうと想像するわけです。だから逆に、愚劣、悪辣であるはずの安倍晋三がかわいく見えるという、凄まじく倒錯した状況になっている。

それはともかくとして、古賀さんの本の最初のほうに議事録の問題が出てきます。議事録を作成しないのは、後ろめたい議論を安心して行うためなのだという古賀さんの皮肉っぽい指摘がありますね。

少し前に話題になったのは、官房長官時代の菅義偉の『政治家の覚悟』という本の中にあった、記録は残すべきだという箇所が、首相就任とともに新たに新書化された際には削除されていた、と。これはご承知のように、朝日新聞の南彰という記者が、菅の『政治家の覚悟』の記録に関わる箇所を記者会見の際に読み上げて、誰が書いたものかわかりますかと訊いた。それで菅が知らないと言ったら、あなたの本だと返して、菅が激怒したという話なんですが。

私が議事録について思ったのは、過去の官僚のひとつの抵抗によって何が起こったかということは歴史的に重要な要素だと思うんです。これを消すことは、政治家が勝手気ままにやるという現在の潮流をさらに加速させる。そして、官僚の抵抗の手がかりをなくすことに通じると思うんですが、このあたりは古賀さんはどういうふうにお考えですか？

安倍の発言が強制力となった

古賀　さまざまな見方があり得るんですけど、森友の決裁文書に、安倍昭恵さんの名前が関与を示唆する形で出ていたということは、きわめて異例のことだと思うんです。異例というか、普通に考えるとそういうことをやってはいけない。官僚の掟、ルールとしては、そういう政治家の圧力だとかを、決裁文書には書けないんです。

国有財産の取引ですから、決裁しないで土地を売ったということはあり得ないので、あの決裁文書は絶対に存在を否定できないわけです。ということは見られる可能性が高い。その見られる可能性が高いところに、わざわざそんな危ないことを書いておくというのは、官僚的常識で言えばあり得ないことなんですが、実際にそれが書いてあった。
僕は近畿財務局の慣習がどうだったかよくわからないですが、普通に考えれば、こんな安値で売るのは変だなという思いを持つ人がいて、それでその記述を残したままにしておいた、と。決裁するときに上の人は端から端まで全部読むわけではない。口頭で説明を聞いてわかった、そうだなという話になるので、それをわかった上で、爪痕のように記述を残しておいたという、抵抗のひとつの印なのかもしれない。

結局、それを削除したわけですが、安倍さんが個別に文書のここを削除しろと言ったかというと、おそらくそれは違うと思うんですね。

ただ、安倍さんが国会において非常に強い言葉で、「もし私や妻が関係していたとなれば総理どころか議員も辞める」とまで言ったことが、一種の示唆というか指示になったと思います。要するに、安倍さんが自分は一切関わっていないと言ったということが、官僚に伝わる。そうすると官僚は、関わっていたということがわかってはいけないという指示を受けたと理解して、この文書からは関わっていたことがわかってしまうから、それを消すしかないという判断をした――そういうことだと思います。

ですから文書というのは、役人から見るとふたつの性格があるんですよ。ひとつは、とにかく自分たちが仕事をする上で文書は絶対に必要で、何があっても念のため文書を取っておく。それは受験勉強を勝ち抜いてきた官僚の習性として、「過去問」を解いて生きてきたみたいなところがあって、基本的に過去の例がないと次のことを考えられないんですよ。白紙に絵を描けというと、ほとんど描けないのが官僚です。

要するに創造力がない。たとえばコロナ対応について言えば、コロナ後の世界についてどう構想するか、あなた自身で考えてみろと言われても、それはまったく思いつかないわけです。

公文書管理ガイドラインの改正

古賀　さまざまな国でさまざまなことが語られているのを集めてくるとか、あるいは過去に何か似たようなケースがあって、そのときに何が起きたかを調べるとか、そういうことをやっていくのが役人なので、基本的に文書というのは仕事の土台として、ものすごく重要なんです。

だから、よほどくだらないものでなければ捨てない。普通は、くだらないものでも念のため残しておく。

ただ、官僚にとって文書にはもうひとつの性格がある。つまり、下手をすると自分たちの責任を追及される材料になるという、そういう危険物としての側面です。だから、一方で自分たちの貴重な財産であるとともに、もう一方で非常に危険なものであるという二面性があるので、そこをどう分けていくかというと、文書の中でも公に存在すると言ってもいい文書と、公には存在すると言わない文書と、ふたつに分かれていくんです。

以前で言えば、公開文書と秘密文書というだけの単純な分け方でしたが、情報公開法ができてから、原則として公開しろということになりましたから、そうすると三つの分類になっていく。

要するに存在してよくて公開していい文書と、存在していいが公開してはいけない文書と、それから、存在したということを認めてはいけない文書――この三つに分かれてきた。

たとえば、昭恵夫人からさまざまな依頼があったという話は、役人から見ると、これは非常に重要な文書なんですね。それを忘れて何かをやってしまうと、後で厳しく叱責される可能性もあるから、これは記録として引き継がなくてはいけない。でもこれは存在したということを認めてはいけない文書です。だから、行政文書ではないということにして、個人的なものという形で残すのが正しいんです。

それなのに、何かとり紛れたりして、みんなに知らせなくてはいけないときにメールに乗せてしまったとか、あるいは共有のファイルに入れてしまった、と。そうなるとそれは行政文書になってしまうので、伝えた後で全部破棄してもらって、元の文章も破棄したことにして、別のところに隠しておくという後始末をしなければいけないんですが、そこに抜かりが出た。今回は、本来は載せてはいけない文書を載せてしまったことがいけなかったんだけど、それは抵抗の意思でやったことかもしれない。

こういうことがあったので、二〇一七年十二月に目立たないようになされたんですが、政府は公文書管理ガイドラインを改正しているんですよ。要するに、森友の決済文書改竄問題や陸上自衛隊のイラク日報問題など、文書をめぐるさまざまな問題を見直した上で、問違いが起きないようにするための改正ですということになっている。

残しては困る文書は保存されない

古賀　たとえば議事録については、交渉ないし打ち合わせの相手方が何を言ったかということについて齟齬《そご》があってはいけないので、自分のところで文書をつくったら相手にも確認して間違いがないことを確認した上で、正式な文書として残さなければならない。文書を残すときには、必ず課長の決裁を取らなければならない、ということになっている。

それはどういうことかというと、官僚から見ると、お互いにとって都合の悪くない文書だということを確認し合った上で残しましょうと。確認し合う過程で、いや、こちらがこんなことを言ったと書かれたら困ると言われたら、そこは消しておきます、と。

昭恵さんとの会話があったということをメモに残すときに、昭恵さんに、こういうことを残していいですかと確認して、いや、それはダメですと言われたら消し、その上で、さらに課長が間違えないように確認する。もし、課長から見て、こんなことを書いてはダメだろうと言われたら、消すということになっているわけです。

これは、表向きは公文書はしっかりと管理されるようにしますと言いながら、安倍政権のもとで、残しては困る文書は保存されないことになったということだと思います。だから、おそらくこれから出てくる文書は、出てきてもほとんど問題にならないような内容になるんじゃないかと思うんです。

佐高　いまの古賀さんの話を聞いて、なおさら赤木さんがどれほど抵抗したのかが痛感されますね。赤木さんが抵抗したから、残してはいけない部分が残ったというふうにも言えるんじゃないかと思う。

それともうひとつ、古賀さんが新著の中で書いていましたが、佐川宣寿という理財局長が問題になったけれども、実質的には国有地売却は、その前任の迫田英典という人ですよね。佐川氏は、半分は俺の責任じゃないんだよ、みたいなところがあると思うんですね。一方、迫田氏は自分はもうそんなに追及されないと。森友事件は、その間に落ちたボールという感じもあるんですが、そういう中でのさまざまなせめぎ合いというのは当然あるんでしょうね。

古賀　そう思います。佐川さんは理財局長になったときに、前任の迫田さんが国有地をものすごい安値で森友学園に売ったということを知るわけですね。それでこれはやばいぞと気づいたときは、フリーハンドなわけですよ。つまり、彼はその経緯には一切絡んでいないので、責任はまったくない、と。そのとき、いくつか選択肢があったと思います。

一番ドラスティックなのは、次官に訴えて、こんなひどいことをやっていますよと伝えることです。こんなことはとてもじゃないけれどやってはいけないので、早く間違いを認めて撤回し、契約をやり直しましょうと主張する。いろいろと圧力があったのかもしれませんが、私には責任がないので、そうさせてもらいます、と。これが一番強いやり方ですね。

でもこれは、どこの役所も同じかもしれないですが、財務省で言えば、反逆罪に等しい。前任者がやったことで問題が起きたとしても、できればそれは穏便にわからないように済ませるのが後任者の務めだという暗黙の強制力がありますから。

佐川理財局長は出世を計算した

古賀　ある意味でここから先は仮説なんですが、佐川氏の心理を推理していくと、ちょっと語弊のある言い方かもしれないけど非常に面白い。佐川さんはとんでもない貧乏くじを引いたなと思いながらも、これをしっかり切り抜ければ、俺の評価は上がる、財務省を守ったということで、出世できるかもしれないという計算をしながらやっていったのかもしれない。ただ、道理を外した事態を知った時点で、それへの対応に打算や計算を働かせたとすれば、その時点で必ず次官に言っておかないと意味がない。

というのは、次官が問題をまったく知らないまま、ある日突然、公になるということになると、なぜ教えなかったんだと、逆に自分が責められてしまうことになるので、早い時点で次官に教えなければならないわけです。

そしてまた次官に教えるときに、「こんな大変なことがありました。どうしましょう」と言ってはダメなんです。「こんな大変なことがありました。これは私のほうで全部飲み込んで対処しますから、次官は知らなかったことにしてください」と言わなければ効果がない。佐川さんは、それをちゃんとやり遂げたから、国税庁長官になったのでしょう。

だから森友問題は、佐川さんからすれば、とんだとばっちりでもあるから、我々から見るとその時点では同情すべき立場にいた人なんですが、それを表に出して是正しようという勇気がなかった。

佐高　つまり、古賀さんの言われる「弱い人たち」の一人でしかなかった。

古賀　そういうことです。

佐高　古賀さんの本を読んで、官僚たちが想像以上に天下りを常に頭に置いているということを改めて感じたんですけど、さらに驚いたのは、天下りと言われるのを逃れるために、「現役出向」ということを考え出した、と。これはいままさに罷り通っているわけですよね。

古賀　そうですね。現役出向と、あとは民間への派遣というのもあります。

佐高　そうすると、官僚ではなかったことにして、その時代の年金とかはいろいろサポートして、そしていわば世間の目をごまかすということですね。

古賀　そうですね。だから、昔は独立行政法人とか、あるいはJR東日本だとか、さまざまな特殊会社みたいなのがありましたよね。そういったところに天下りで行っていたんですが、天下りはけしからんということになって、組織による斡旋が禁止されたんです。それですごくやりにくくなった。

天下りって何なのかと言うと、役所を辞めてから、自分の傘下のところに押し込んで仕事させてもらい、給料をもらうことなので、ポイントは「辞めてから」というところにある。では辞めなければいいだろうということになったんです。

若いときに出向するのではなく、たいがい退官直前に、現役出向という形で、たとえば経産省から行くのであれば、もう経産省の職員ではありませんという形で出向して、向こうで給料をもらい、そして二年経つと経産省に戻ってくる。経産省に戻ってきて、すぐに辞めてしまうケースもありますし、辞めるときに、またそこに行くというパターンもあるんです。役所が手配してはいけないんですが、出向している間は公務員ではないので、本人が、辞めた後またここで雇ってもらえませんかと交渉するのは自由なんですよ。

電力の世界は完全独占の予定調和

古賀　出向している間に話をつけておいて、それでいったん戻って、官僚として退職金をもらう。退職金は、外に出ていた期間もちゃんと役所で働いていたという計算にして、しっかりもらった上で、さらにそこに行く、というようなことができるんです。

あるいは、どこかに出向した後、また別なワンクッション置いてから、また最初の出向先に天下りするということもある。いずれにしても、役所がいろいろな現役出向先を持っていれば、同じ外郭団体ではなくて、複数の組織の中をぐるぐる回っていくこともできるので、これは完全に脱法的な手法ですね。

これは民主党政権のときに実施されたんです。政権発足当初、僕は公務員改革の事務局の審議官をやっていたんですが、民主党政権が公務員改革は組合の反対ででできないということになりました。それで解任されて経産省で大臣官房付という、仕事がないポストに異動させられたんですね。

そのときにたまたま国会に呼ばれて、現役出向などについて、こういう政策をどう思いますかとみんなの党の議員に聞かれたので、そこで思い切り、「これはとんでもないことだ」と言ったんです。「公務員改革は一気に後退しています」ということを現役職員として証言しました。

それを官房長官だった仙谷由人さんが激怒して、「古賀さんをこんなところに呼んで、こんなことを言わせる。この人の一生が台無しになります」とか言って、恫《どう》喝《かつ》をして予算委員会が止まったということがありました。それ以来、この現役出向はずっと続いていることです。

佐高 古賀さんと私は、仙谷という人を評価しないということでも共通していると言えると思うんですけど、それは別として、天下りとは違うかもしれませんけれど、経産省といえば、電力業界との関係がありますよね。日本の電力業界というのはものすごく歪んでいると私は思います。関西電力の、原発マネーが還流した、信じられないような金品受領問題が起こったりするわけです。

古賀さんは経産省に入って、東京電力の若手なんかと交流があったりした中で、この人たちは腐っていると最初から思ったと言っていましたよね。

古賀　僕は特に競争政策とかをやっていた関係で、電力というのはまったく競争がないわけですから、強い違和感があったわけです。いまは少しだけ競争が始まりましたが、当時はまったく競争がなくて、完全独占の予定調和でした。かかったお金はすべて電力料金に乗せて、いくら高くなってもそれを国民が払って、電力会社はそのお金で非常に優雅な暮らしをしている。

当時、他国では発送電分離などのさまざまな電力改革をやっていたんですが、日本だけがまったくできなかった。だから危機感もない。

彼らが我々を宴会で接待してくれたりするんですけれど、もうまったく能天気そのもので、この人たちは何考えているんだろうという印象を受けました。

本当に頭にきたときは、「あなたたち、いまの日本だからいいけど、世界中で規制改革が進んでいてね、電力の競争はこれから激化するんだから、もしそうなったら、あなたたちは将来、太陽光パネルを背負って、行商に出かけて買ってくださいと、そういうことをやることになるんですよ」と、東京電力のエリート課長に言ったことがあります。

河野太郎は電力改革に着手できるか

佐高 たとえばの話ですが、台風が起きて千葉なんかで停電が起こりますよね。そのときに、もちろん自然災害をどのくらい予測できるかという問題はあるでしょうけれど、電力は供給責任を負っているから、地域独占が認められているわけですよね。その供給責任を負えなくなったときに、では地域独占を放棄しろよという声がまったく出てこない。それだけ電力会社の宣伝に押さえ込まれてしまっているということでしょう。

電力は、都合のいいときは役所的に逃げ込んで、都合の悪いときは、うちは民間企業だと言う。つまり私なんかは、電力は役所の悪いところと会社の悪いところを併せ持っているというふうに見ているんです。

もし、民間企業ということなら、菅が携帯料金、電話料金を下げろと言っていますが、あれはおかしい話です。民間企業に対して統制経済ではあるまいし、料金を下げろと命じるのは非常に筋違いです。同じように菅は、電力料金に対しても言ってみろと。東京電力や電力会社の電力料金が高いから下げろ、と。しかしそれは言わない、というか言えないんですよね。私はそういう矛盾をいつも感じているんですけど、古賀さんはもっと内側にいて考えているわけですよね。

古賀　菅さんは改革、改革と呼号しているんですけど、電力については何も言っていない。このあいだ日経が書いていましたが、河野太郎さんが再生可能エネルギーを拡大するための規制改革は何でもやると言ったというのが大きなニュースになっていた。これはあくまでも再生可能エネルギーの普及を止めている規制ということで、電力本体に斬り込むということにはまだなってないんですよ。

僕は河野さんにも伝えているんですが、今年（二〇二一年）の秋、河野さんは総裁選に立候補する可能性が高いわけじゃないですか。というか、それを目指しているわけですよね。また麻生さんにつぶされるかもしれませんが。そうすると、いまは菅氏の手下で改革をやっているという形なんですが、菅さんから見ると河野さんは強力なライバルなわけですよ。だからどこまで活躍させて、どこでつぶしにいくかという計算を常にしている。

逆に河野さんから見れば、自分ははんこ改革とか何かで名前を上げて、だけどこの手柄は菅のものじゃなくて俺がやっているんだよということを、国民に区別してわからせないといけないわけですね。そうしないと、たとえば難しい課題を河野さんに与えて、やろうとしたところで自民党とか役所に反対させて、河野さんにはできませんでしたと言わせてから、菅さんが俺の鶴の一声でやったとか、そういう演出をされて終わってしまう可能性もある。

僕は最初から、菅さんがイエスと言えない改革を、機を見て河野さんがぶち上げることで、総裁選への狼煙《のろし》を上げるべきじゃないかという話をしています。そのひとつが電力改革ではないか、と。

発送電分離というのは一応形だけはやっていることになっているんですが、実際には子会社だったり、兄弟会社で発電と送電と小売りを同じ会社が持っている。それを完全に分離させるという強烈な改革とか、あるいは原発についてのすごく厳しい規制とか、そういうことをぶち上げていくと、菅さんの改革が実は本物じゃないということが見えてくる。そこにちょっと注目しているんです。

若くして「反電力」のレッテルを貼られる

佐高　河野太郎が総裁選に立候補したときは菅が応援団に回っているわけですよね。いままさに古賀さんが言ったように、菅はせいぜい携帯電話料金の値下げだと。河野は電力料金の値下げだという話になれば、改革という意味ではどっちが本物かということは一目瞭然になりますよね。しかし河野がそこまで踏み込むかどうか。
　発送電の分離とか原発への規制とか、再生エネルギーの問題とか、それは古賀さんがずっと取り組んでこられたテーマでしょう？

古賀　取り組んだというか、そういうアイデアを出しては、それを世の中に伝わるようにしていくということはずっとやってきました。

実は、僕は若いときに、発送電分離を日本の中で大きな流れにしようと思って、パリにあるOECD（経済協力開発機構）に出向していたとき、日本に対して発送電分離をやれという勧告を出させようとしたんです。それでもう電力の逆鱗に触れまして、それ以来、僕は資源エネルギー庁で仕事をさせてもらえなくなりました。

経産省のエリートコースというのは、経済産業政策局長というポストが、次官に一番近いと言われているんです。財務省で言えば主計局みたいなところですね。そこでいろいろな課長をやるのがひとつのコースなんですが、その途中でだいたい、資源エネルギー庁での電力関係の課長だったり部長だったりを間に挟むんです。今井君も経済産業政策局で僕がいたポストの後で課長になり、でもその後に資源エネルギー庁の次長になるとか、何らか電力と関係を持つ、そういうポストを経ていったわけですが、僕の場合はそこに行けないものだから、ずっと経済産業政策局の中をうろうろしていました。

佐高　古賀さんはOECD出向の時点で、若くして反電力のレッテルを貼られちゃったわけですか？

古賀　そういうことです。ちょうど課長になりたてぐらいのときにパリに行って、発送電分離を主張して。

面白いんですけど「ＯＥＣＤが発送電分離を勧告へ」という大きな見出しの記事を、読売新聞が出してくれたんですよ。たしか正月の記事がなくなった一月八日頃だったと思います。たまたまそのとき佐藤信二さんが経産大臣だったんですけど、彼が中国電力とトラブッて、喧嘩をしていたんですよ。

佐高　栄作の息子ですね。

古賀　そうです。それで、ちょっと脅しも兼ねて、新聞記者に言っちゃったんですね。それがキャリーされて、自民党はもちろん電力業界が大騒ぎになって、あんなことをやっているのは誰だと。古賀に違いないという話になって、その後偉くなる人ですが公益事業部長とかが、古賀をすぐにパリから連れ戻せと大騒ぎしたんです。

牧野力《つとむ》さんが次官でしたが、後で牧野さんに言われました。「古賀君ねえ、あのときは本当に大変だった。肝を冷やしたぞ。資源エネルギー庁が怒り狂って怒鳴り込んでくるし、どうなることかと思った」と。

お前、苦労したから海外でちょっとゆっくりしてこいと言って、僕をパリに出したのは牧野さんでした。ゆっくりするどころじゃなかったんですけど、牧野さんに言われて行ったから、牧野さんはその責任も問われることになって、自民党には怒られるし、電力業界に脅されるし、大変だったと言っていました。

あの人は立派な人だなと思ったのは、「だけど良かったよな」と言うんですよ。「あれで初めて、やはり日本の電力には改革が必要なんだということが認知された。それまではまったくアンタッチャブルで、何も話ができなかったけれど、あそこから電力改革の話が本格的に始まったんだ」と言っていました。

佐高　古賀さんももちろんレッテルを貼られていたわけですが、さらに悪評のレッテルを貼られていた私なんかでも、牧野さんは平気で会う人だったんですよ。

古賀　牧野さんにはすごく買われていたんです。というか、僕もそのころまではもう主流中の主流で、ど真ん中にいっていました。だから、その後の村田次官とも仲良かったし、望月次官なんかとは本当仲良しだったんですが、退官してから行き違うようになってしまいました。

佐高　経産省で、電力業界にメスを入れるというのは、やはり大変なことになるわけですよね。

古賀　僕はそういうことが何もわかっていなくて、ただ無邪気に思ったことをそのまま言っていた。そうしたら、後で聞くと大変なことになっていた。

僕は民主党時代に公務員改革をやりすぎて、財務省は古賀を一切使わせないということで、民主党の経産大臣が僕を使おうとしても使えなかったんです。財務省がダメだと言ってくるので。それぐらい財務省は強いんです。

そのとき望月次官が「いやあ、困っちゃったなあ」といつも言っていました。財務省が僕をそこまで恨んだのは公務員改革なんですが、僕がすごく強力な案をまとめていって、しかも財務省を悪者にして、こんなにひどい人たちがいますというのを外に出しながら戦っていたものだから、彼らはとにかく僕をつぶすということを一生懸命やってきた。それで有力なポストには就けなかったんですが、クビにはならなかった。

やはり電力は伏魔殿

古賀　ところが東日本大震災で福島の原発事故が起きた後、僕が発送電分離も含めて、東京電力を破綻させて、破綻処理しろという案をつくって、仙谷さんのところに届けたりしていたら、結局いられなくなりましたね。

民主党政権時、記者会見で、記者が大畠章宏経産大臣に、「古賀さんはまだ大臣官房付で仕事がないわけですけど、あなたは使わないんですか？」と意地悪な質問をする。大畠さんは困ってしまうんだけど、「あんな優秀な人は本当にもったいない。僕はぜひ活躍してもらいたいと思って、いま事務方に調整してもらっている」と言って逃げる。

それから海江田万里さんになり、海江田さんも同じように逃げて、辞めて鉢呂吉雄《はちろよしお》さんになり、鉢呂さんは一週間か十日で「放射能をつけちゃうぞ」という発言で辞めて、それで枝野幸男さんになる。

その過程で、僕はずっと一年九カ月仕事なしです。これはもう税金の無駄遣いと言われてしまうので、辞めようかなと思い始めました。「仕事をください。もし仕事をやらないということなら、辞めるしかありません。恨まないから言ってください」と言い続けていました。海江田さんはちょっと話をしようと言って辞めてしまい、枝野さんのとき、僕は直接メールしたんです。たぶん枝野さんは僕に仕事をさせないというつもりだと思うんですけど、結局本人からは返事がなかった。

次官から、「古賀、どうする?」と言われたから、「いや枝野さんの気持ち次第だけど、辞めろと言うんだったら辞めるよ」と言ったら、「辞めろとは言わない。でも辞めてもべつにいいと思う」と言う。そういう経緯があって辞めることにしました。結局、公務員改革の話ではなくて、やはり原発というタブーに触れたからなんだと思います。

佐高　岸井成格の「ニュース23」降板も、私は原発が関係していると思っている。岸井がはっきりと脱原発を言ったということ。やはり電力というのは、本当に伏魔殿ですよね。

古賀　そうですね。電力ってなんであんなに強いんだろうと思う。もちろん巨大な会社ではあるんですが、それ自体の巨大さゆえの強さではない。つまり電力会社は、他のほとんどすべての企業から見て、すごく儲けさせてくれる会社なんです。

たとえば鉄を使うという場合、自動車会社とかいろいろなところが対象になるわけですが、鉄鋼会社からすると、トヨタならトヨタに納めるときに、これトン当たり幾らですと言って、言い値で買ってくれるということはまずないわけですよね。ところが電力会社は言い値で買ってくれる。なぜかというと、そのコストをすべて電力料金に乗せられるからです。だから電力会社は、絶対に儲かる形で、しかも大量ロットで発注してくれる。ゼネコンから見てもそうだし、原発のみならず、電気や機械の設備を納入している重工や電気メーカー、近隣の飲食店やデパートにとってもそうです。

とにかく、言い値でそのまま、絶対に値切らずに支払ってくれるところだから、圧倒的にいいお客さまで、みんなが足を向けて寝られない。だから電力に競争を厳しくさせるということになると、それで利益も減るし、電力会社が苦しくなって値下げしろと言って来られては困るので、みんなが電力の改革に反対するんです。電力自身が反対するだけじゃない。

経産省は電力会社のコントロール下にある

佐高　しかし、それは根本的におかしいですよね。電力料金が安くなったら、他の企業も利益が出るはずですから。電力料金は不当に高い。だから電力料金を下げるということは、菅が言う携帯料金を下げるなんてことと桁違いですよね。

もうひとつ、電力への批判を抑えるために、電力会社の集まりの電気事業連合会を含めて、競争もないのに凄まじい金を広告に使っていますよね。

古賀　そうなんですよ。だから、僕はずっと前から言っているんですけれど、電力業界はもう一切広報費用を認めてはいけない、と。なぜなら競争していないんだから。いまは多少競争していますが、それでも独占に近い。たとえばシェアが五〇％に落ちるまでは一切広告を認めないという法律をつくれと言っているんです。

佐高　最近、アメリカの司法省がGoogleのシェアの問題で、独占状態を違法だと言って提訴しましたよね。だから、日本というのはそういう意味で、資本主義ですらない。資本主義であるなら、公正な競争を第一に考えて、Googleであろうが何だろうが、独占状態に近くなったら、それだけで分割を言い始めるのが当たり前なわけですが、日本はそういう意味では、資本主義ですらないという感じがする。

古賀　特に電力会社はもう、半ば国有企業というか、力関係が逆転しているんです。経産省が規制しているから、経産省のほうが強いはずなんですが、実際には電力のほうが強くなっていて、電力が人事にまで介入するということが起きている。だから現場では、電力会社が怒るようなことはできない。

それをやると逆鱗に触れて、僕みたいにエネ庁に行けないというだけじゃなくて、下手するとどこかに飛ばされるわけです。逆に、仲良くやっていれば、本当にいろんなおいしい甘い汁を吸えるということで、規制しているはずなのに、経産省は逆に電力会社に取り込まれて従属していると言っていい。「規制の虜」と言われているんですけど、そういう現象になっていると思います。

佐高　いま東電に、経産省から行っている人は、上のほうにいるんですか？

古賀　いますね、役員クラスで。原子力損害賠償とか、すべて政府のお金でやっていますから。以前は嶋田君が行っていました。

佐高　嶋田というのは、あの次官をやった人ですね。

古賀　そうです。経産省でもかなり優秀な人が行っている。

佐高　電力は一応、経産省のコントロール下にあることになっているのに、逆に電力からコントロールされているという指摘はショックですが、リアルな現状として、そのとおりなのでしょうね。官僚組織の改革と、電力の改革は同時に進められなければならないという実感を、さらに強くさせられました。

第4章　官僚主導から政治独裁へ

――内閣人事局と日本学術会議をめぐる権力相関図

内閣人事局は何を目指したか

佐高　安倍と菅の独裁的な政権を象徴するかのように語られる内閣人事局という組織がありますよね。官僚に対する政治主導のためにつくられたのだけれど、官邸独裁のひとつの拠点になってしまったという批判の声が大きい。

古賀さんはその成立に関わっていたと聞いたことがありますが、どんな立場だったんですか？

古賀　僕は二〇〇八年から〇九年にかけて、内閣審議官として公務員改革を進めていました。内閣人事局の構想は以前からあり、それをつくることは決まっていたのですが、事はそう簡単ではなかった。本当にできるのかというと、難しいと思っていた人が大半だったかもしれません。〇九年に僕がつくった国家公務員法改正案の条文の中で、初めて内閣人事局創設のしくみを提案したんですが、そこまで行くのは大変でした。当時の問題意識を思い出してみると、実はこういうことなんです。

国家公務員法では、もともと官僚の人事権は各省大臣にあります。でも、実際には大臣が官僚を敵に回すと仕事ができなくなるのではないかとか恐れて、その人事権を十分に行使することはできなかったわけです。官僚人事は、事務次官を頂点とする官僚組織が行い、それを大臣や官邸が追認するのが慣例となっていて、その流れを破って大臣や官邸が官僚の人事案を否定することはきわめて異例でした。政権側が、官僚との全面対決を覚悟しなければならないほどだったんです。

だから官僚への統制がきかず、「官僚主導」がはびこって、特に天下りの利権を奪うような改革ができなくなるという問題がある。その問題を解決するために、内閣人事局を創設して政治主導の人事を実現しなければならない、と。

当然のことながら、官僚側の抵抗は激烈でした。僕や事務局の改革派メンバーは、当時の福田康夫政権下の渡辺喜美行革担当相によって一本釣りで集められた元官僚や民間人が多かったんですが、事務局の一般官僚と財務省が結託し、オール霞が関連合で対抗してきた。僕は公務員制度改革本部の事務局で審議官をしていたのですが、なんと元総務省の次官だった事務局長が僕たちを誹謗中傷する怪文書をマスコミや政界に流したりするなんてことまでされました。

抵抗したのは官僚だけではありません。官僚と結託して利権を得ている族議員たちからも強い反発があった。最後は、自民党の改革派議員ですら、霞が関の恨みを買うことを恐れて、改正案の条文の骨抜きを黙認せざるを得なくなっていったほどです。

佐高　守旧派の抵抗はかなりすごかったんですね？

古賀　めちゃめちゃ激しかったですね。賛成してくれたのは、ごく一部です。河野太郎、中川秀直、あと塩崎恭久さんとかね。ああいう、いわば党内で人望のないと言われる、皆に嫌われている人だけが応援してくれるという状況でしたね。逆に言えば、嫌われることを覚悟しないと本物の改革はできないということです。

公務員改革を政治が悪用した

佐高　小泉純一郎はどうでしたか？

古賀　公務員改革には入ってこなかったですね。

佐高　知らんふりなんですね。

古賀　福田政権の前の第一次安倍政権のときに、安倍さんが小泉さんに言ったそうなんです。天下りの規制をやります、と。そうしたら小泉さんが、「君、偉いね。俺だってそれはやらなかったよ」と言ったそうです。

佐高　どちらかと言うと、小泉は大蔵族ですよね。

古賀　要するに小泉さんは、田中派をやっつけるために、田中派を抵抗勢力として悪玉に仕立て上げて闘っているところを国民に見せつけはしたけれど、決して官僚とは本気で喧嘩しない。うまくやっていたんです。

ただ、安倍さんは小泉さんに指名されて首相になったわけじゃないですか。だから第一次安倍政権は、「改革の小泉」の後継者というイメージを発信しようとしたわけです。つまり安倍さんは、改革をしなくてはならないと思い込んで総理になったところがある。そこで渡辺喜美さんを連れてきて行革担当大臣にした。それまで渡辺さんは、安倍派から見ると敵のような存在だったんです。

中選挙区の時代には、栃木の選挙区で渡辺さんと、安倍派の尾身幸次が対立していたこともありますから。渡辺さんに言わせると、安倍さんとは話をしたこともなかったし、むしろ関係は悪かった。それなのに安倍さんは自分を呼んでくれたと言って感謝していました。

それで渡辺さんは、安倍首相のために改革をやると思い込んで、実際に進めていった。安倍さんも自分は改革者だと思って突っ込んでいく。天下り規制は世論も全面的に賛成なので、この改革路線からは降りられなくなったわけです。

佐高　当時の古賀さんの、官僚の世界に身を置きながらその改革を遂行しようとする立場の先鋭性も問題意識も、私なりに理解しているつもりですが、官僚主導から政治主導へという道筋を、政治が悪用したときにどうなるかということも考えてしまうんです。それを防ぐには、官僚の側全体に、改革を求め、しかも政治との緊張関係も保つという高度な意識が必要だったような気がします。

でも当時の官僚のほとんどは、改革への抵抗ばかりがあるという次元だったわけですよね？

古賀　ええ。改革への反発は、政治主導の人事が、官僚や族議員にとっていかに邪魔かを証明していたと思います。事務局の改革派メンバーは、自分たちの提案にますます自信を強めていって、結束を固めました。さらに、マスコミに改革案とそれに抵抗する官僚の実態を伝えることでサポートを受けて、その世論を背景に、人事局創設を含む公務員法改正案が自民党の総務会まで承認され、正式な改正案になるんです。でも、その直後に自民党政権が崩壊して、民主党政権になったため、その法案が成立することはありませんでした。

安倍政権に内閣人事局は不要だった

古賀　紆余曲折を経て、その改正案は、第二次安倍内閣において、いろいろな骨抜き措置を加えられた後、ようやく日の目を見る。でも第二次安倍政権は、第一次政権とはまったく違っていました。安倍さんは、総裁選で石破茂さんと戦って、それで勝利して首相になるわけじゃないですか。なぜ安倍さんが選ばれたかと言うと、派閥の領袖《りようしゆう》たちが、「石破は言うことを聞かないけれど、安倍ならば俺たちの言うことを聞くから何とかなる」と思ったからです。派閥の領袖が安倍さんを応援して、最後に国会議員票で逆転して、勝てた。

だからもう本質的に、派閥の領袖がノーということは、できなくなったんです。第二次安倍政権は実はそういう政権でもありました。

だけど、安倍さんは改革派というイメージがかっこいいと思い込んでいるところもあるので、改革、改革とは叫び続けた。ところが、結局、ほとんど何もできていない。そういう流れの中で骨抜きにされて、しかし一応改革を象徴するものとして成立したのが、内閣人事局だったわけです。

ところが安倍政権は、きわめて強引な政治を強行し続けました。それによって、官僚が無理な忖度行政をやらされ、情報隠蔽や文書改竄などに加担することになっていく。

安倍政権の下では、内閣人事局は必要なかったと私は思っています。もともとあった、国家公務員法上の大臣による公務員に対する人事権があれば、どうにでもまできたわけです。大臣は安倍さんの言いなりだったから、それに指示すれば官邸主導人事なんて簡単に実現できたはずです。

もし内閣人事局が諸悪の根源だという批判が正しいのなら、内閣人事局をなくして官僚の人事に官邸が介入することを止めれば正しい行政が行われるということになりますよね。また、そもそも官僚人事に対する政治介入が悪だということなら、大臣の人事権に制約をかければいい。

でも、それによって正しい行政が実現するかというと、実際にはそうはならないでしょう。官僚が、以前のように自分たちの利権や天下りの仕組みを守るために、国民の利益を犠牲にして、必要な改革を止めようとします。それを正そうとする政権が現れても、それには徹底的に抵抗して、昔の「官僚主導」を復活させるでしょう。

つまり、内閣人事局が悪いのではなくて、第二次安倍政権の官僚支配が異様だったということだと思うんです。

族議員と官僚の結託という構図

佐高　お話を聞いてよくわかったんですけど、いまや内閣人事局が菅の支配の道具になってしまっているわけですよね。それは古賀さんたちの当初の意図とはずいぶん違ってきているわけでしょう？

古賀　僕らがつくった法案は、驚くべきことに一応自民党を通って、それで国会に出たんだけど、ねじれ国会の時代でしたから、民主党の小沢一郎氏が、これが通ると自民党の得点になるからつぶせと言ってつぶしてしまったんです。その後、民主党政権になると、これは官僚からするととんでもない法律だということになって、連合なども大反対して、民主党政権のときはずっとお蔵入りでした。

それで第二次安倍政権になってもう一回復活したときに、民間人の登用とか、厳しい人事評価とかが全部削られて、内閣人事局だけは目玉だから落とすわけにいかないという形で成立した。だから取り引きですよね。もちろん内閣人事局についても、官僚は大反対だったんですけれど。

佐高　亀井静香は、内閣人事局そのものがけしからんとか言っていますよね。

古賀　というか、自民党はほぼ全員が反対だったんです。

内閣人事局の条文をつくるときも、実は僕たちは人事局長は政治家でなければならないという条文を入れようとしたんですよ。官房副長官兼務ではなくて、独立の政治家ということにして書こうとしたんですね。だけど、これに対してはもう自民党の議員が行革本部にやってきて、みんなで反対するんですよ。彼らは役人に送りつけられて来たんです。馬鹿じゃないかと思いましたけどね。あなたがたは政治家だろう、官僚の肩を持ってどうするんだ、と。政治家が官僚に言われて反対するという構造なんです。

それで、結局のところは玉虫色で、官房副長官が兼務しますということになったんですが、官房副長官は事務と政務と両方いるじゃないですか。だから最初に誰がやるかというときに、せめぎ合いが起こった。

安倍さんとしては、そこにはそれほどのこだわりはなかったと思いますが、初めは杉田さんでいこうということになっていたんだけれど、菅さんがひっくり返して加藤勝信さんにしたという説は聞きました。

佐高　つまり新たに、族議員と官僚の結託という構図を生んだだけということですよね。

杉田官房副長官の関与は不当か

古賀　ただ、安倍政権と同様に、菅政権にとっても人事局はあってもなくても同じだと思います。菅さんは官房長官時代から、さまざまな幹部官僚を見てきていますから、こいつはバツだ、こいつはマルだ、と自分なりにつけているわけじゃないですか。だから大臣に、「なんだ、こんな奴を次官にするのか」と言えば済む話なんです。

菅さんが総務副大臣のときに、総務省のNHK担当の課長を飛ばしたとか、そういう話はいろいろある。それは違法じゃないんですよ。要するに、そういう人事をやるかやらないかであって、これまでの政権は基本的には役人の人事を尊重するという構えだったんですが、安倍政権になってから方針転換したということです。繰り返しますが、内閣人事局というのはある意味で象徴的なもので、あれをなくしたら良くなるかというと、なくしたらもっと恣意的な人事がまかり通るようになるかもしれない。本来の狙いは客観的な評価をハッキリとするということだったわけですね。だから、その評価基準が菅さんの言うことを聞いたかどうかということになってしまっては意味がないんです。

もうひとつは民間人を入れていくということです。経産省の後輩で、原英史君という、僕の紹介で渡辺喜美さんの補佐官を務めて公務員改革を進めた人がいて、彼から最近メールがきました。「河野さんは役人の働き方改革とかやっていますが、そんなことより、公募によって民間人を入れさせましょうよ」と言っているんです。僕は、「わかった。河野さんに連絡するから」と言ったのですが、おそらく河野さんは言われなくても、わかっていると思います。

佐高　河野はこのところ妙に独裁的な体質をあらわにしているから、彼が関わるような公務員改革というのを、私なんかはやはり、改革を政治的に悪用するのではないかと警戒してしまうところがあります。

改めて学術会議の問題を別な角度から議論したいんですが、官房副長官の杉田の関与が言われていますよね。任命拒否すべき学者の名前を、杉田が内閣府に伝えた、と。あれはどんな構造になっているんですか？

古賀　それは当たり前のことではあるんですよ。なぜかと言うと、学術会議の会員は内閣総理大臣が任命することになっているんです。内閣総理大臣にはふたつの性格があって、すべての大臣、省庁を束ねるという性格と、他の大臣、省庁と並びの存在としての性格もあるんですね。

学術会議の会員を任命するのは、どこかの大臣が担当して、内閣総理大臣がそれを監督しているという形じゃないんです。その権限は直接内閣総理大臣が担当大臣として持っている。

どんな理由があっても任命拒否してはいけない

佐高　ダイレクトに内閣総理大臣が担当するというわけですね。日本学術会議を所轄する内閣府に対して、官房副長官である杉田が通達しただけの話、ということですかね？

古賀　言ってみれば、そういうことなんです。逆に言うと、そこをチェックするのは官房長官です。官房長官の下には副長官がいるから、副長官が関わっているのは当たり前だし、関わっていないとおかしい。

ただ、副長官と同じように官房長官も関わっていないと変なんですよ。

佐高　任命拒否を決めたのは安倍政権ですよね？

古賀　安倍さんの時代にそういうことをいろいろとやっていたのを、官房長官だった菅さんは全部見ている。僕は、任命拒否は、安倍さんの時代に、もしかしたら菅さんと杉田さんが共同でやっていたんじゃないだろうかとも思うんです。

安倍さんにも、もちろんそういう気持ちはあったと思うけれど、集団的自衛権みたいな難物を実現するときに、安倍さんはやれとは言うけれど、それらすべてを差配してまとめなくてはいけなかったのは菅さんですよ。その際に学者の立場で発言してさんざん邪魔した奴がいる、と。そんな奴を学術会議に入れるのかということを、菅さんは言っていたと思います。

杉田さんも基本的には警察官僚で、考え方は近い。とにかく「左巻き」の奴は全部パージすべきだと思っているはずです。安倍さん、菅さん、杉田さん、みんな一体となって、抵抗する奴を弾くのは当たり前だという、そういう共通認識を実行に移したということなのではないでしょうか。もちろん、下調べは杉田さんがやったはずですが、だから杉田が首謀者だと言えるほど単純ではないでしょう。

結局、その三人のうちの誰が中心かと言っても、それは特定できないと思います。三人が共鳴し合ってやったことでしょうから。自分たちの政権を脅かすようなことをする、影響力があると思われる人物をパージするということは、彼らから見ればすべて当たり前のことで、正当防衛なんです。

佐高　内情をよく知る古賀さんならではのリアルな分析です。

だからこそ菅は、なぜ任命拒否したかを説明できないんです。思想は説明できない。それを説明し始めたら、そのこと自体が問題になってしまうわけだから。

古賀　しかし、僕はもう一歩下がって考えるんですが、そもそも野党は説明を求めてはいけないと思います。野党は、「説明しろ、正当な理由はあるのか」と突き上げているじゃないですか。だけど僕から言わせると、どんな理由であっても任命拒否してはいけないんです。

佐高　根本的にはそうですよね。学問の自由は政治から独立して初めて成立するわけですから。

古賀　戦前、戦時中の日本は、大きな間違いを犯して、学問の自由、表現の自由を蹂躙《じゅうりん》し、その間違いを告発した学者たちをさらに弾圧して、進むべき道を誤った、と。だから、政府とは異なる意見を言ってくれるから価値があるというのが学術会議という組織です。学術会議法には、徹底的に独立を守ろうということで、優れた学術的な業績で評価するということしか書かれていない。

極端なことを言うと、犯罪者であってはダメですとは書かれていないんです。

佐高　あ、そうですか。そうすると、窃盗容疑で送検された髙橋洋一でも会員が務まるということになりますね（笑）。

古賀　だから、犯罪者でもいいのかという議論が実際にあるんだけれど、いいんですよ。学術会議が犯罪者だと知っていて、それでも価値がある人だと考えるのならば。たとえば、特定秘密保護法に違反して官僚をそそのかして国家機密を入手して論文を書いたら、法律違反だと言われて捕まって牢屋に入っちゃった。だけど、論文は非常に学術的な意味があるということで、犯罪者だけど、学術会議の委員に推薦しましたということもあり得るわけです。

犯罪者であるかどうかを決めるのは国家です。いまのような政治が続いていると、今後かつてのように、治安維持法みたいな法律ができる可能性だって十分ある。政府を批判する者は非国民だとされ、さらにはでっち上げで犯罪者にされる時代に戻ってしまうかもしれない。

そういう時代への反省に立って学術会議法ができているんだから、本来であれば、犯罪者だとしてもダメとは言えないんですよ。

佐高　しかし古賀さん、学術会議という組織の、その本質的な独立性については、あまり指摘されていないですよね。

古賀　されていないんです。なぜか誰も言わないんですよ。今日、鳩山由紀夫さんのところに行ったんですが、そこでもそのことを話しました。野党の追及の仕方は完全に間違っています。

たとえば、立憲の今井雅人氏は国会でこう質問しています。総理は、日本学術会議の会員が東大、京大など旧帝大で四五パーセントを占めるなど、所属大学に偏りがあると指摘しているのに、今回、外された人は私大出身者の割合も多くて、言っていることとやっていることが合わないではないか、と。

佐高　任命拒否する理由に正当性を与えかねないような議論自体がダメですよね。

古賀　そう。要するに、どういう理由なら正当かという議論を、いまやっているんです。これは非常に危険で、そうすると、正当な理由を書きましょうという話になってしまう。たとえば、こういう場合には、政府は任命をしなくていいです、と。

その判断は政府がしますという形に持っていかれちゃったら、ものすごく危ない。

日本国憲法の精神vs.岩盤右翼層

佐高　学問の自由と独立性を基礎に置く学術会議法そのものが崩れてしまいますね。

古賀　根本の思想が変わってしまうんです。

そもそも、会員を任命制にした時点でおかしくなっているんですよ。もともとは学術会議内で、選挙で選ばれたらそれで会員は決まりだったのに、そうではなくて政府の任命というプロセスを入れてしまった。

当時、それに対して、ものすごく強い反対があって、でも任命制を強行したわけです。でもやはり政府は一線を越えませんでした。任命と言っても形式的なものですと言っていた。

佐高　まさに中曽根も首相のときに、国会答弁ではっきりそう言っていますよね。学術会議の推薦を追認するだけの、形式的な任命です、と。

古賀　この問題には、一九四八年に日本学術会議ができて以来、自民党内の暗闘がありました。だから単に安倍さんとか菅さんの問題じゃないんですよ。自民党の右翼からすると、太平洋戦争は過ちではなかったという信念があるから、戦前・戦中への反省を前提につくられた日本学術会議の存在は許せない。無理やりつくらされた平和憲法なんて廃止すべきだと主張するような人たちが自民党にはたくさんいるわけじゃないですか。だからこの問題は、日本国憲法の精神vs.それを認めない岩盤右翼層という、一九四八年以来ずっと続いてきた闘いの中で押さえ直しておく必要があると思います。

これまでは、ギリギリのところで、憲法の精神を大事にする国民的な良識が勝ってきたわけですが、いまになって堰を切ったように、右翼の濁流がダーッとなだれ込みかけているという状況です。

佐高　いまの話を私なりに受けると、かつて城山三郎さんと吉村昭さんが対談して、吉村さんが、「あの戦争は負けて良かったね」と言うんです。城山さんは「続いていたら大変だったろうね」と受けて、そうなったら国家、警察、軍隊が威張る、だから負けて良かったと言っている。
このエピソードをこの間、「サンデー・モーニング」で話したら、ネトウヨが大騒ぎしたらしいんです。誤った戦争を仕掛けて、負けて、反省して、戦後をスタートしたことを、だから良かったと深く思えるかどうか。学術会議の問題は、ここに位置づけないとダメなんですね。

古賀 そうなんですよ。その意味では、ここで右翼勢力に勝たせてしまったら、日本の戦後のよって立つ反戦平和の基盤が壊されることになる。太平洋戦争の過ちを認めた上で、徹底した平和主義でいかなきゃいけないんだという、憲法の前文プラス憲法九条、それから基本的人権の中の表現の自由とか、信教の自由とか、学問の自由。そういった戦後日本のあるべき姿を変えてしまおうという勢力が、ここでついに根を下ろし、強い力を持ってしまうんだという、そういう状況であり、いまはまさにそこことの闘いだと思います。

佐高 重要な論点ですね。

国のあり方の根本から攻めよ

佐高　古賀さんに、野党のほうからアドバイスを求めてきたりはしないんですか？

古賀　若い人や良識ある人からは来ますけど、トップのほうからはないですね。僕を敵視する人が多いので。

佐高　そうか、仙谷、枝野のラインですね。

古賀　それからもうひとつ、いますごく変なことになっているのは、学術会議には十億も予算を出してやっている、と。これは国民の税金なんだから、国民に代わって我々政治家が文句を付けるのは当たり前だと、こういう議論をしているじゃないですか。だけど、これはまったく逆なんですよ。

学術会議法には、学術会議の経費は国庫がこれを負担すると書いてあるんですね。安心して活動ができるように、政府は必要な経費は予算をつけなければいけないという意味です。

佐高　ノーベル医学・生理学賞の本庶佑《ほんじょたすく》は、十億円はあまりに安いと言っていましたね。とにかく、黙って出せ、黙って出せ、と。

古賀　そう、黙って出せということです。それなのに、これは国民の税金だからと、政治家が意見を言おうとしている。法律の趣旨は、自由に活動してもらうために、お金によって政府が介入することをさせないという趣旨です。

学術会議は、去年なんかは途中で予算が足りなくなってしまって、みんな手弁当でやっていたといいます。手当てが出る場合でも、一回出席して、二、三時間取られて、二万円くらいしか出ないんです。それも出せなくなったから、これからは皆さん手弁当でやってくださいということで、タダでやっていた。これは違法ですよ。そういう状況であるにもかかわらず、官邸は、これからはもっと減らしてやるからな、と脅しました。

佐高　河野太郎が菅に命じられて、学術会議の予算を聖域なく見直すとか言っていたけれど、私に言わせれば、お前、それなら辺野古基地を聖域なく見直せよ、と。

例の馬毛島の疑惑があるじゃないですか。米軍訓練地として、菅が買収した。あれは評価額四十五億円のところを、菅案件として百六十億で裁定したという。それでも安いもんだと菅は言ったらしいけれど、そんなことに百六十億出しておきながら、セコいこと言うなよという話ですよ。

古賀　僕はいま話したふたつのことが、マスコミも野党もきちんと把握、整理していない問題だと思っています。そういう基本的なことを議論できる人が、政治の世界にも、マスコミにも、いなくなっちゃった。

佐高　野党のほうも、知識や見識、教養を尊重して闘うという気風がない。喧嘩しているもの同士が似てきていると思います。

古賀　似ていますよ。だから、この国全体がアメリカみたいになってきた。反知性主義が跋扈しているし、反知性主義を批判している人たちにも知性が感じられない。

佐高　そういう意味では、攻めどころは、古賀さんから見ればまだまだたくさんある、ということですかね。

古賀　ありますね。そこはやはり国のあり方の根本を議論するという発想で攻めていかなければいけないと思いますね。

第5章

原発と政治家と官僚

——伏魔殿をめぐる癒着をどう乗り越えるか

橋下徹とともに脱原発を目指した

佐高　東日本大震災から十年を迎えましたが、原発とどう向き合うかという問題も、国の根本、また、官僚の身構えの基本が問われる話ですよね。

いまコロナに対してほとんど無為無策で人々の命の危険を何とも思わないような政権下で、東京オリンピックなんてやれるはずもないし、やめるべきだと思うのですが、菅政権は、ワクチンがなくても総合的な感染症対策で安全安心な五輪が実現できるなどとトンデモ発言を続けています。そもそもこの東京五輪は、福島の原発事故が「アンダー・コントロール」であるという嘘を前提にして始まっている。

そういう意味でも、原発と政治と官僚について、基本的な構図を押さえ直しておく必要があると思うんです。古賀さんはかつて橋下徹とともに、脱原発の勉強会をやっていたことがあると聞いたことがあるんですが。

古賀　ちょっと間違えて橋下さんとやっていたのは事実です。福島原発事故の後、橋下さんが大阪府知事で、民主党政権下、大飯原発を再稼働するかどうかというときでした。僕は大阪府市統合本部というところの特別顧問になって、行革的なこともやっていたんですけど、特に重点を置いてやっていたのがエネルギーの問題でした。エネルギー戦略会議というのをつくって、会長は京都大学の植田和弘さんという先生なんですが、僕が副会長をやって、全体を切り盛りしていたんですよ。そこでは、大阪がどうやって脱原発でやっていくかということをずっと議論していたんです。

当時、今井尚哉君が資源エネルギー庁次長でした。彼が、どこでどうつながっていたのかわかりませんが、民主党の前原誠司さんと通じていたんですね。一方、橋下さんは前原さんの勉強会に呼ばれて一緒に勉強するということを定期的にやっていた。

大飯原発について、橋下さんは初めのうち、「あの原発事故を見て、原発を動かそうなんて人がいたら、それはロボットだ。心がない」とまで言っていたんです。そして、「だから、もし民主党が再稼働するというのなら、俺たちは本気で倒閣運動を起こす」と。僕は、それを真に受けて、エネルギー戦略会議で脱原発の戦略をつくっていくわけですけど、前原さんの勉強会から帰ってくると、橋下さんが変わっているわけですよ。

今井尚哉、騙しの原発行政

古賀　「古賀さん、本当に原発を止めて大丈夫かな？」と言い出したんです。「えっ」と思ったら、「こんな資料をもらってさ」と言って、カラー刷りの立派な資料を持っている。「これは、どうしたんですか？」と訊くと、「今井さんからもらった」と言う。今井君が、前原さんの勉強会に来て、丁寧に説明してくれた、と。騙すための資料を渡されて、きれいに騙されて帰ってきたんです。そういうことが二度くらいあったんじゃないかな。

僕は頭にきましてね、今井君に電話したんですよ。「ちょっと議論しないか」と。そうしたら「いいですよ」と。それで、一回セットしたんだけど、「これは後から密室で取引したとか批判されると困るので表でやったほうがいいな」と思いついて、「メディアも連れていきますから、みんなが見ている前で議論しましょう」と言ったら、態度が豹変して、「古賀さん、それは絶対ダメ」ということになって、逃げちゃった。それなら、メディアなしでもいいよと言ったんだけど、「そういうことを言うならもうやりません」と(笑)。

たぶん、二人でサシで話せば、裏の話に持っていって、「そこのところは何とかしてくださいよ。その代わり……」という裏取引の世界が通用すると思ったのかもしれないけれど、僕がどんどん表に出すつもりだとわかったとたん、逃げちゃいました。今井君というのは、そういう感じの人なんです。

佐高　民主党政権時代の今井の原発行政というのを洗い直す必要がありそうですね。

前にも話しましたが、佐橋滋さんが次官に決まっていたとき、今井の叔父にあたる今井善衛が次官になってしまう。やはり政治家に好まれる遺伝子を、甥っ子も受け継いでいるのではないでしょうか？

古賀　いや、彼は、政治家に好まれるどころか、一時期たぶん政治家になることを狙っていたと思いますよ。これは財務官僚なんかに多いのかもしれないけれど「中央エリート官僚型」の典型で、俺は偉いんだ、だから俺が日本を動かしているんだ、という手ごたえに無上の喜びを感じるタイプなんじゃないかと思います。上を籠絡していくのも、そのステップなんです。

渡辺喜美さんとは、みんなの党をつくる前から僕はおつき合いがあって、応援していた時期があるんですが、ふと洩らしたことがあります。

「今井君はね、政治家になりたいんだよ」

「どうしてですか？」

「あるとき俺の事務所に来て、いろいろ勉強させてくれ、みたいなことを言いに来るんだよ。あれは政治家になりたいってことだな」。そんなふうに言っていた記憶があります。だから、政治家への転身というのも選択肢として頭にあったのかもしれないけれど、官房長官時代の安倍さんの秘書官になって、これは何でも俺の言うことを聞くということになり、たまたま安倍さんが総理になったからそのままついていったということではないでしょうか。ただの陣笠議員になるよりもはるかに力を振るえますからね。

橋下はなぜ原発稼働へと転向したか

佐高　今井という人の立ち位置が、さらに深くわかった気がします。古賀さんが橋下と一緒にやっていたというエネルギー戦略会議では、関西電力と対峙する局面というのはあったんですか？

古賀　脱原発が大目標だったので、岩根茂樹さんという関電の当時の常務を何度も呼びましたよ。

佐高　あとでトップになる岩根ですね。金品受領問題で辞めた人。

古賀　そうです。彼を呼んで、思い切り批判したんです。関電まで乗り込んでいったこともある。

関電は、この夏は電力不足で停電になるかもしれないから、大飯原発を動かさなきゃいけないとか言ってキャンペーンを張っている一方で、平気でオール電化を進めましょうという広告もやっていた。だから僕は戦略会議に呼び出して、なぜオール電化なんかやっているのか、おかしいじゃないかと問い詰めました。でも、のらりくらりと逃げるんですよ。この場で、全面的にやめると言ってくださいと言っても、絶対にやめると言わない。検討させていただきます、と言うだけなんです。

次の会議までにやめるかと思ったら、もう一回、オール電化の広告をやった。それでまた批判したら、ホームページから一時的に消えました。でも、あまりにもふざけている。それでもしゃあしゃあと言い訳する。電気が足りないと言っているときに、オール電化なんて、あまりにもふざけている。

佐高 大飯原発は、結局、橋下が再稼働を容認するわけですよね。

古賀 そう、橋下さんが途中で転向して大飯原発を動かしたわけです。今井君にやられてしまって。それと維新全体が脱原発ではなかったんですね。だから、橋下さん一人ではどうにもならなかった面もあります。

それともうひとつ、これは僕の推測ですが、橋下さんが細野豪志さんと前原さんに恩を売ったというふうにも見ているんです。細野さんは当時、環境大臣で、原子力発電所事故収束・再発防止担当大臣でもあった。今井君は前原さんにくっついて、橋下さんと会っては、再稼働に向けての解説をしていたんだと思います。あの時、飛ぶ鳥を落とす勢いの橋下さんが大飯原発再稼働反対を最後まで貫いていたら、その時点で民主党政権はかなり追い詰められていたでしょう。

逆に、前原さんも細野さんも、その後の小池新党騒ぎの時に大失敗して先はない感じですが、あの頃は勢いがあった。橋下さんの助け舟で生き延びたわけですが、その後も順調だったら、いまごろ橋下さんと一緒に新党をつくって、のし上がってきていても決しておかしくはないと思います。

佐高　なるほど。原発推進で結びついた政党が成立していたかもしれない、と。

脱原発をめぐる政党秘史

古賀　逆に、脱原発を志向する新党づくりを考えたこともありました。それには自民党ではダメだと。民主党もダメだと。第三党のみんなの党ができたけど、これもまだ力がない。すると、維新の橋下さんがワーッと力をつけて伸びてきているので、この勢いを使わない手はないということで、橋下さん、みんなの党の渡辺さん、それから後に日本未来の党をつくった嘉田《かだ》由紀子さんと河野太郎さん、この四人を中心とした新党をつくろうという構想があったんです。

佐高　それは二〇一二年に小沢一郎が嘉田を担いで未来の党をつくる前ですか？

古賀　直前ですね。嘉田さんも、河野さんも乗ったんです。みんなの党の渡辺さんも乗るのはわかっていた。すると、なんと河野さんは京都までやってきた。京都駅前のJRのホテルに「吉兆」が入っているんですけど、そこに現れた河野さんは、ぜひやりたい、と。「父親が一度自民党を出たために、結局、総理になれなかった。だから絶対に出るなと後援会の会長には言われているんだけど、でも古賀さん、これはやはり乗りますよ」ということでした。

ところが、橋下さんがそれを蹴ったんですよ。蹴ると言っても、とりあえずは「いいですね」と言いつつ、「国政政党をつくるときに誰を入れるか面接試験をやっているので、そこに河野さんに来てもらいます」と言ったんです。失礼な話で、事実上蹴っているんですけど。

佐高　要するに、自分が親玉になれないといやだということですよね。

古賀　それで嘉田さんが、「橋下さんってそんな人なの」とがっかりして、それで小沢さんに担がれてしまうんですけど。

佐高　それは、現代政党史に書かれていない秘話ですね。古賀さん、どこかで書いたり話したりしているんですか？

古賀　いや、ほとんど書いていないです。

それで、飯田哲也さんと嘉田さんが、小沢さんと一緒に新党をつくる。日本未来の党ですね。その直前、前々日ぐらいまで、僕は毎日、嘉田さんと長時間、電話で話していまして、嘉田さんが「古賀さんは小沢さんって、どう思いますか？」と訊いてくるから、僕は、「小沢さんのことはよくわからないけど、一緒にやるとやられちゃうだろうから、やめたほうがいいです」と言いました。それは、人間性がいいとか悪いとかの問題じゃなくて、あの人は結局ぶち壊すことしかしていない、と。そして、自分の力が弱くなってくると誰かの力を使って、自分がもう一度盛り返す。

それで使われた人はみんな落ちていくということを言いました。いまの山本太郎さんなんかも、結局、うまくいっていない。

そうしたら嘉田さんは、前の日までは、「わかりました、やはり私、やめます」と言っていたんです。ところが、次の日の昼になったら、結党を発表している。だから、小沢さんというのは、ある意味でやはりすごい力を持っている人だなと僕は思いましたけど。

佐高　小沢の人を巻き込んでいく力は相当に強いんでしょうね。一方の嘉田さんも人物ですよね。私も何回か会いましたけど、親父さんが市議会議員で、政治の血が騒ぐ人なんだと思います。

経産省出身の危ない政治家たち

古賀　滋賀県知事になったときには、全党を敵に回して当選していますからね。その成功体験があって、どんな逆境でも、市民の力を本当に得られれば勝てるという自信を持っている。

佐高　あのとき、自民、公明、民主、みんな現職に乗った。現職二期目というのは一番強いわけです。共産党が別の人を立てて、社民党だけが嘉田を推薦して、あとは市民の力で勝っちゃった。まさに、滋賀の乱でしたね。

橋下の話ですが、通産省出身の小林興起は、政治的には石原慎太郎の直系とも言える立場だったわけです。二〇一二年に、石原と橋下が維新でくっついたでしょう。そのときに小林だけは認めないと、橋下に弾かれるんですね。それを小林はいまだに怒っている。橋下の意見を飲んだ石原に対しても。

橋下というのは、自分の思い通りにならないような人は入れない。そういう相手と新しい関係をつくり出すという創造性は持ってないと思います。

古賀　それははっきりしていますよね。一方で、実は権力には弱くて、石原慎太郎さんにものすごいおべんちゃらを言っているし、小沢さんにもお追従を言っている。初めて橋下さんと松井一郎さんが官邸に行ったときの顔を見ましたけど、本当に嬉しそうでした。おそらく安倍さんや菅さんにも、ものすごいお世辞を言っているように思います。

佐高　それは橋下の本質が見える、貴重なお話ですね。そういえば、小林興起は脱原発から未来の党に行っているから、そのあたりで古賀さんとはニアミスはなかったんですか？

古賀　ほとんど接点はなかったですね。

経産省から政治家になる人には、わかりやすく言うと二種類あって、ひとつは、いわゆる二世の町村信孝さんとか、細田博之さんのようなタイプ。ああいう人たちは、まだまともなんですよ。

そうではなくて、地盤も看板もないところで、派閥の親分に頼って出てくる人は、どこか歪んでしまうんです。自民党の政治はどうしてもお金がかかるから、それを陣地を持たないゼロ地点からやろうとすると、どこか変なことをしないと、入っていけないわけです。

僕は小林さんと直接関わったことはないんですが、経産省のなかではどこか危ない政治家だというレッテルを貼られてはいましたね。

関西電力、クーデターから暗殺指令まで

佐高　昔の話なんですけど、一九八七年、関西電力二・二六事件というのが起こるんです。芦原天皇と言われた芦原義重が追い出される。当時、芦原は相談役名誉会長だったんですが、女婿の内藤千百里《ちもり》を介して社内支配を続けていた。

関電二・二六の起爆剤となったのは、筑紫哲也編集長時代の『朝日ジャーナル』に連載された「企業探検」というシリーズでした。『法人資本主義の構造』を書いた奥村宏さんとか、私とか、要するに朝日の新聞記者ではないフリーライターが執筆陣で、ニューアカデミズムと新人類の文化的牙城と言われた筑紫『朝ジャ』の、企業批判という別の側面を代表する企画だった。あまり厳しい内容なので、企業の広報が筑紫さんのところに日参したと言われています。

そのシリーズで奥村さんが関西電力を書いたんですよ。一切取材拒否でしたが、芦原の独裁態勢を白日のもとに晒したわけです。

奥村さんのレポートの文末には、「この会社にいま必要なのは、電気の明かりである」と書かれてあって、「もっと光を」と結ばれていました。これが大変な問題になった。それが起爆剤となって社内の批判が噴出してクーデターが起こり、小林庄一郎会長のイニチアチブの下で、芦原が解任される。

あのとき、関電というのはとんでもない会社だと思っていたんですが、金品受領問題が起こって、クーデター当時のことを生々しく思い出しました。「関西電力の暗殺指令」などという告発もありましたよね。

古賀 読んでいませんが、『関西電力「反原発町長」暗殺指令』という本ですよね。

佐高 斉藤真という人が書いたノンフィクションなんですが、この本はあまりに荒唐無稽だということで、発売当初は全然売れなかったんです。関電が、獰猛な犬を使って、反原発町長の喉元を食いちぎらせるという話です。ところが、金品受領事件があってからは、あり得る話だということになって、爆発的に売れたんです。実際、私もあり得ると思っています。

古賀 関電だけじゃなくて、原発の世界というのは因習に取りつかれていて、何でもありなんだろうなと思います。

ところが、深刻な事故を隠したり、とてつもないスキャンダルがあっても、決して致命的なダメージにはならない。それは、マスコミを押さえているし、政治家も押さえているし、学界も押さえているからです。

だから、それを告発しようとする人は、圧倒的にマイノリティになって最終的には握りつぶされていく。それが繰り返されれば繰り返されるほど、みんなが最初から諦めていくことになってしまうんです。僕が原発の問題と直接対峙したのは、橋下さんたちとやっていたときだけですが、あのとき思ったのは、彼らは、もしかしたら平気で、わざと停電にするかもしれないということです。もし自分たちの意見が通らなかったら、原発を止めろと言うから止めた、そうしたら大規模停電が起こり、病院では手術ができなくて何人も人が亡くなりました、というようなことをやるのではないか、と。そう発言したら、関電が人殺しするというんですかと、すごく叩かれましたが。

佐高　それはしかし、「関西電力、暗殺指令」の現実からすると、まったく荒唐無稽ではないわけですよね。原発と電力というのは、だから壮大なる詐欺・脅迫集団であり、常識では考えられないようなことが次々と起こる。現代の伏魔殿のような権力だと思います。

官僚というのは現体制の継続が前提になっている存在だから、慣性の法則に従わざるを得ない。つまり、脱原発という新たな方向に自らが舵《かじ》を切ることは難しいわけだけれど、それを政治に決断させるというのが、これからの官僚の重要な役割になってくると思います。まさに古賀さんはその道を目指したわけですが、そういう人が「異色官僚」としてパージされてしまう現状を少しずつ変えていかないと、この国の未来への扉は開かないような気がします。

古賀 脱原発へと大きく舵を切る役割を果たせる政治家は、今のところ河野太郎さんくらいしか思いつきません。彼は、世論調査をすると人気は高いのですが、自民党の中では、まだ所属する麻生太郎さんでさえ総裁候補として認めていません。彼には大きなディレンマがあって、総裁になって総理にならなければ持論の脱原発はできないとわかっているが、脱原発を封印しなければ、自民党内で総裁までのし上がるのはおろか、総裁選立候補さえ難しいということです。

官僚たちにも今の状況では多くを期待できない。結局は、世界の流れからどんどん置いて行かれて、気づいてみたら、再生可能エネルギーのほうがはるかに安くて、蓄電池とともに普及して、原発なんかなくても安くて安定的な電力供給が可能な状況が来てしまう。国民は安いならそちらにしようと言って原発の電気が売れなくなって、脱原発しか道はないということになるのかなと。少し楽観的かもしれませんが。

結局、これまでの歴史でも証明されてきたとおり、日本という国は、自分では変われなくて、世界の大きな流れの中で外からの力で変わるしかないということなのかなと思っています。

佐高　河野は勘違いした強権志向と、菅との関係が気になるけれど、脱原発は貫いてほしいですね。

おわりに

古賀茂明

佐高信さんとの最初の対談からこの本をまとめて出版するまで、約半年の間に新型コロナウイルス感染症が再拡大し、今年一月には緊急事態宣言が再び発出されました。さらに、二度延長しても解除できない。その間、菅義偉内閣の支持率は大きく落ち込み、菅降ろしの風が吹き始めるに至りました。

菅氏は自ら無派閥であると喧伝し、従来の派閥政治と決別するかのようなイメージづくりに努めていました。しかし、実際には、自分を二階派のトップとして総理の座に押し上げてくれた恩人の二階俊博自民党幹事長に頭が上がらず、コロナが蔓延し医療崩壊を引き起こすまでGoToトラベル事業の停止ができませんでした。観光業界のドンである二階氏の利権に配慮したことは明らかです。

森喜朗東京五輪・パラリンピック組織委員会会長の女性蔑視発言に関しても、世界中のバッシングを招くまで、森氏の首に鈴をつける役から逃げました。森氏は、党内最大派閥の清和会に今も大きな力を持ち、しかも、巨大な五輪利権の仕切り役です。彼を怒らせて清和会を敵に回せば、菅降ろしのリスクは現実のものになります。

森氏とその後任の橋本聖子前五輪担当相はお互いを「父娘」と呼び合うほど親密で、言わば一心同体。つまり、森氏の利権には一切手をつけませんというサインを菅氏が出したのです。しかも、橋本氏の後任はやはり清和会議員の丸川珠代氏。「人命よりも五輪ビジネス」という森氏の「理念」を忠実に守るという、無派閥宰相菅氏の誓いの姿勢は、森氏と清和会には、その代わり菅政権を守ってほしいというシグナルとしてはっきりと伝わったことでしょう。

私はいつものように、佐高さんならこれらの動きをどんな言葉で「斬る」のか、聞いてみたいと思いました。

佐高さんは不思議な方です。鋭い舌鋒で政官財あらゆる分野で歯に衣着せぬ評論を展開されます。とりわけ、誰もが躊躇うような決定的な批判を個人名を挙げて容赦なく展開するところは、一瞬、息をのむほどの迫力です。

佐高さんが、普段どんな気持ちで発言されたりものを書いたりされているのか、私にはわかりませんが、はたから見ている限り、手心を加えるとか、失敗を恐れるとか、そんな気配は微塵も感じられません。そして、批判の内容は厳しく、時に対象を思い切り愚弄《ぐろう》するような表現もあるのですが、論理だてが非常にしっかりしているので、むしろ深い知性を感じさせ、また、必ずユーモアの精神も見せてくれます。受けを狙って口汚く罵《ののし》るだけの評論家もいますが、同じ「ばか」という言葉を使ったとしても、佐高さんは決して品位を落とすことがありません。やられたほうは、「この野郎」と思うでしょうが、反論を試みると、その人のほうが下品に見えてきます。このように不思議な言論を展開する力は佐高さんならではのもので、もちろん、私ごときではおよそ真似することはできないし、真似したら必ず大失敗して大けがをすることでしょう。

対談の最後の部分で、佐高さんは、「脱原発という新たな方向に自らが舵を切ることは難しいわけだけれど、それを政治に決断させるというのが、これからの官僚の重要な役割になってくる」と述べられました。それに対して、私は、「これまでの歴史でも証明されてきたとおり、日本という国は、自分では変われなくて、世界の大きな流れの中で外からの力で変わるしかないということなのかなと思う」と、やや絶望的かつ投げやりな考えを示してしまいました。どうしてそう思うのか、その点について少し解説してみたいと思います。

心ある官僚が新たな選択肢をいくつか示して、政治家が決断して大きく舵を切るという役割分担ができれば日本は変われるかもしれません。ただし、現在の菅政権は、頭の固いオールドボーイズ政権。新しい考えを理解させるのはミッション・インポッシブルではないかと感じます。「新たな提案」をして、万一菅総理のご機嫌を損ねたら、官僚生命を絶たれるかもしれない。そんなリスクは取れないから、官僚が大きな役割を果たすのは難しいのです。

安倍政権成立から八年以上、官僚たちは、忖度奴隷に成り下がりました。「官僚よ、国家存亡の危機だ！　目覚めよ！」と叫んでみても、今立ち上がる官僚はいないでしょう。この構造は、菅政権が終わるまで継続していきます。

もちろん、政官が動かなくても希望はあります。民主主義では、国民が政治を動かすはずです。ところが、日本では、「自由で公正な」選挙を何回やっても自民支配はびくともしません。国民はいつしか、それに憤りを感じるよりも慣れてしまう。あるいは、政治不信を強め、政治から遠ざかる層が増えている感もあります。

その裏には、マスコミが正しい情報を流さないので、国民が正しい判断をできないという事情があります。もちろん、今も心ある記者たちがいるのですが、そうした記者たちはパージされ、あるいは記事の内容に制約が課されています。「有識者」も同じ。学者も学術会議の例を挙げるまでもなく、世論を変える役割を果たそうとしてもつぶされる。結局は、今の政治が惰性で続き、打開の道は見えないという気がしてきます。

この負のループをどこで断ち切るのか。そして、最初に立ち上がるのは、官僚なのか、政治家なのか、マスコミなのか。あるいは、国民なのか。もちろん、いつかは国民が気づくときが来るはずですが、その時は、少数ではなく、非常に多くの人々の生活が困難に直面してからになるのかもしれません。そうなってからでは、すでに手遅れ。そんな予感がします。

こうしている今も、世界の国々は、ポストコロナの時代に向けて、社会の大転換を図ろうと猛スピードで自己変革の道を進んでいます。コロナ禍の「おかげ」で日本はデジタル化、グリーン化など、これからの社会変革のカギとなる分野で驚くほど遅れていることが明らかになりました。その責任はどこにあるのか。国民もようやく気づき始めたのではないでしょうか。

そう言いながら、別の不安もあります。労働者の賃金が減少したというニュースがコロナのせいだから仕方ないと非常に小さな扱いで終わりました。しかし、安倍政権成立以来、このトレンドは続いていています。国民は正しい事実を知らされていません。一方で、株価が三十年半ぶりの高値を付けたことを新聞テレビは速報で大々的に流しました。コロナの先を見据えて景気は上昇を始めたと理解した人も多いでしょう。さらに、先進諸国から大きく遅れたものの、ワクチン接種が始まり、時間さえ経てばコロナは終息するという楽観論も聞かれます。

またしても、国民は騙されてしまうのでしょうか。

コロナ終息は誰もが待ち望むことですが、一方で、コロナ終息で菅政権は息を吹き返す可能性が高い。ポストコロナは諸外国と違い、日本にとっては、明るいものではなく、再びの暗黒時代。そうならないためには、やはり、私たち国民が立ち上がるしかない。

これからもそのことを、強く訴え続けていきたいと思います。

二〇二一年三月一〇日

【著者】
古賀茂明（こが しげあき）
1955年長崎県生まれ。東京大学法学部卒業。政治経済評論家。元経済産業省官僚。産業再生機構執行役員、経済産業政策課長、内閣審議官など改革派官僚として活躍。2011年経産省退職後も組織に属さずに独自の視点で言論活動を展開。著書に『日本中枢の崩壊』『日本を壊した霞が関の弱い人たち』など多数。

佐高信（さたか まこと）
1945年山形県生まれ。慶応義塾大学法学部卒業。評論家。高校教師、経済誌編集長を経て執筆活動に入る。著書に『総理大臣 菅義偉の大罪』『田中角栄伝説』『石原莞爾 その虚飾』『池田大作と宮本顕治』、共著に『安倍「壊憲」を撃つ』『自民党という病』など多数。

平凡社新書970

官僚と国家
菅義偉「暗黒政権」の正体

発行日——2021年4月15日　初版第1刷

著者——古賀茂明・佐高信
発行者——下中美都
発行所——株式会社平凡社
東京都千代田区神田神保町3-29　〒101-0051
電話　東京（03）3230-6580［編集］
東京（03）3230-6573［営業］
振替　00180-0-29639
印刷・製本—株式会社東京印書館
装幀——菊地信義

ISBN978-4-582-85970-6
NDC分類番号317.3　新書判（17.2cm）　総ページ192
平凡社ホームページ　https://www.heibonsha.co.jp/